# 変化を生きながら
# 変化を創る

北野雄士 編
Kitano Yuji

新しい社会変動論への試み

法律文化社

# はしがき

　私たちは何かがきっかけになって、自己の位置づけや集団のありようの変化を感じたり、人生や社会の見方が変わったりする。自明と思っていたものが自明でなくなった時、深層の変化に気づいた時、驚きは大きくなる。
　変化に流される、任せる、乗る、抵抗する、いずれにせよ、私たちは内と外の変化を生きなければならない。変化に応じる過程で、新しい発想、行動様式、共同性を生み出すことがある。私たちは変化を生きながら変化を創っている。
　はるか昔から、社会のある変化を感じ取って、その変化が何に起因し、どのような意味をもち、何をもたらし、どう対処すべきかを考える人がいた。為政者、宗教者、知識人のみならず市井の人々も、それぞれの流儀で変化について思いを巡らせた。変化について考えることも、変化を生きることに他ならない。
　近代になっても、変化の原因、意味、行方、対応の仕方を考える営みは続けられた。時代を19世紀以降に限定すれば、社会の変化を説明しようとした主な理論としては、唯物史観、M. ヴェーバーの変動論、近代化論、世界システム論、グローバル化論がある。
　それぞれの変動論を略説しよう。まず、K. マルクスは労働者階級の貧困からの解放を目指して、イギリス資本主義の成立史を研究し、生産様式のあり方とそこから生まれる階級闘争を、歴史の決定要因とみなす唯物史観を提唱した。
　これに対し、ヴェーバーは直接的には経済的観念的利害関心が人間の行為を支配するが、それを方向づけるのは、宗教的救済の理念によって創造された世界像であると主張した。なぜ西洋でのみ近代資本主義が成立したかを考察するために、彼は儒教、ヒンドゥー教、仏教、キリスト教、イスラム教、ユダヤ教の特徴、その経済倫理と担い手、各宗教が生まれた地域の社会組織に関する研究に着手したが、その途上で死去した。宗教や支配の社会学、西洋史など多方面の業績により、変動の内生的要因が多元的であることが明らかにされた。
　近代化論は、第二次世界大戦後、どうすれば開発途上国を近代化できるかという実践的な課題を抱えて、欧米の近代国家をモデルにして途上国の研究を

行った。近代化論によって、世界各国の政治、経済、社会組織、宗教などと近代化との関係や、近代化の類型論に関する研究が促進された。

マルクス主義の影響を受け、近代化論の西洋中心主義に批判的なI.ウォーラーステインは、開発途上国の経済的停滞などの南北問題を解明するために、世界システム論を創り出した。世界システム論は、周辺諸国の低開発は中核諸国の「搾取」によってもたらされたと論じる従属理論の視点を採り入れている。従属理論によれば、周辺国にとっては、中核国に対する従属的関係が自らの低開発を生み出していることになる。世界システム論は、最初にオランダ、次にイギリスを中心として16世紀に始まり、その後世界全体に広がって今日まで続いている経済的分業体制のシステムである「世界 – 経済」の内部において、中核と周辺が実質的には不平等な垂直的分業と貿易を行っていると説明する。

グローバル化論は、人と人の間、地域と地域の間、さらに都市、企業、NPOなどの機能集団の間で、国民国家を越えて行われる相互作用の緊密化と、それに起因する、ハイブリッドな（異種混淆的な）文化の生成と双方の変容に着目する。1990年代以降に盛んになったこの理論は、人、モノ、情報などが国境を越えて世界的規模で急速に移動し、移動先の人、文化、社会と頻繁に相互作用して、世界が一体化したように見える現代を捉えようとした、形成途上の変動論である。なお、本書の第11章はグローバル化論の最近の傾向に言及し、「エピローグ」は近代化論以降の社会変動論を俯瞰しているので参照されたい。

本書は特定の理論的な立場を採らずに、変化を生きながら変化を創っている人々の営み——変動に関する研究も含む——を記述し、その意味を考察している。各章は様々な局面の社会の変化を、専門の社会学や社会哲学の立場から考察したものだが、どの章を読んでも、登場する人々の言説や行動、あるいはそれを取り上げる執筆者の姿勢の根底に、社会はこのように変化してほしいという夢が感じられる。「エピローグ」は、社会の変化に対する人々——社会変動論の提唱者も含む——の夢が社会変動に与える影響力に着眼している。

本書の構成は以下の通りである。まず、「プロローグ」は坂本龍馬とA.トクヴィルの生き方と思想を通じて、人間と社会変動の関係を考えた上で、各章の概要を紹介している。

第1部「変化する社会を生きる」は人々がどのように変化を生きてきたかを描いている。各章が論じている変化の領域は、被差別経験者の差別との出会い、都市近郊の宗教施設における信仰活動、農業を通じた土地と人々の関わり、日本のステップファミリーにおける継子の成育環境、「百寿者」を介護している高齢者の意識である。

　第2部「社会の変化を創り出す」では、執筆者は各自のテーマについて、人々がどのような変化を創ろうとしてきたか、あるいは創ってきたか、今後どのような変化が求められているのかを明らかにしようとしている。各章のテーマは、幕末武士の改革運動、行政広報研究にみる行政と市民の関係形成の変遷、貧困対抗運動、原発反対運動と地域メディアの関係、サイバースペースにおける個と集合の両立である。以上の10章の論考は第1部と第2部に分けられているが、「変化を生きる」と「変化を創る」のどちらにも関わっている。

　第3部「新しい社会変動論の可能性」(第11章) は、グローバル化論に焦点をしぼり、「ゾーン（地帯）」における内外との相互作用によるハイブリッド化とその影響という観点から、グローバル化という社会変動を捉えようと試みている。

　「エピローグ」は、社会の変化という夢が社会変動に与える影響力に着目して、社会変動と社会変動論の関係それ自体を問い直し、社会変動論の新たなあり方を提示したものである。

　人々が、社会の変化を冷静に見つめ、変化に柔軟に対応し、新しい変化を構想する上で、本書が少しでも参考になれば幸いである。

　　2017年11月30日

　　　　　　　　　　　　　　　　　　　　　　　　　　　　　北野　雄士

# 目 次

はしがき

## プロローグ　人間と社会変動の関係を考えるために ―――― 1
北野　雄士

1　社会の変化と私たち　1
2　坂本龍馬　2
3　トクヴィル　4
4　各章とエピローグの概要　7

## 第1部　変化する社会を生きる

### 第1章　差別＝社会との出会いの変容 ―――― 16
　　　　――被差別経験の語りから
山本　哲司

1　はじめに　16
2　差別／被差別の拮抗と誇り　16
3　向けられる差別と知らされる差別――差別との出会い　18
4　内面の語り　19
5　経済成長期の社会変容と部落差別　23
6　部落差別の地域リアリティと記号的リアリティ　24

### 第2章　生駒山地における修験道と
　　　　クリスタル・ヒーリングの習合 ―――― 30
　　　　――都市近郊山間地域における信仰活動の伝統の発明
岡尾　将秀

1　はじめに　30
2　朝鮮半島由来の信仰活動への取り組み　31

3　クリスタル・ヒーリングの導入　34
　　4　信者の属性と関係の変化　36
　　5　おわりに　40

## 第3章　土地利用からみた農村の半世紀 — 44
　　　　——滋賀県野洲市須原地区を事例として

川田　美紀

　　1　農村が経験した近代化　44
　　2　「農業の近代化」以前の農業　47
　　3　「農業の近代化」以降の農業　48
　　4　「農業の近代化」が農村に与えた影響の顕在化　50
　　5　農村における「生活の豊かさ」　54

## 第4章　継子が語るステップファミリー経験と日本の家族制度の課題 — 57

菊地　真理

　　1　はじめに——日本におけるステップファミリーの増加　57
　　2　離婚・再婚後の家族と法制度との関わり①——日本の現状　58
　　3　離婚・再婚後の家族と法制度との関わり②——他国の状況と日本との比較　60
　　4　若年成人継子19人に対するインタビュー調査——本研究の対象と調査方法　63
　　5　事例分析——継子からみた別居実親、同居継親それぞれとの関係性　64
　　6　考　察　67

## 第5章　超高齢社会における高齢期の意味の変容 — 71
　　　　——百寿者を親にもつ子ども高齢者の語りから

安元　佐織

　　1　はじめに　71
　　2　変容する高齢者人口と高齢者の社会的地位や役割　72
　　3　調査方法　74
　　4　結　果　75
　　5　まとめ　81

# 第2部　社会の変化を創り出す

## 第6章　横井小楠の思想はどのような社会的条件で生かされたか ―――― 84
――小楠が改革しようとした熊本藩と福井藩の政治状況を比較して

北野　雄士

1　はじめに　84
2　小楠の思想的特徴　85
3　熊本藩における改革運動への関与　87
4　福井藩における改革運動への関与　89
5　小楠の思想が生かされるかどうかを決定した社会的条件　92
6　おわりに　96

## 第7章　行政広報研究に見る行政と市民との関係形成の変遷 ―――― 98
――パブリック・リレーションズの視点から

太田　美帆

1　はじめに　98
2　行政広報とパブリック・リレーションズ　98
3　戦後の行政広報――上意下達から協力関係の形成へ　101
4　豊かな時代の行政広報――政策への民意の反映の模索　104
5　21世紀の行政広報――新しい関係づくりを　107

## 第8章　貧困対抗活動の生態系と社会的レジリエンス ―――― 112

西川　知亨

1　はじめに　112
2　貧困対抗活動の生態系と諸類型　114
3　貧困対抗活動の各類型の社会的世界　115
4　社会生態学的過程と各系統間の関係性　119
5　貧困対抗活動の生態系と個人的／社会的レジリエンス　121

目　次

## 第9章　原発反対運動と地域メディア ―――― 126
### ――熊野・井内浦原発の反対運動を事例に

　　　　　　　　　　　　　　　　　　　　　　景山　佳代子

　1　埋もれた歴史　126
　2　地域紙からみる井内浦原発反対運動の経緯　128
　3　原発をめぐる言論空間の創出　136
　4　市民＝メディア＝議会の三位一体と民主主義　141

## 第10章　パブリックドメインから見た
　　　　　サイバースペースの未来 ―――― 144
### ――個と集合は両立するか？

　　　　　　　　　　　　　　　　　　　　　　曽我　千亜紀

　1　初期インターネット・コミュニティが夢見たもの　144
　2　パブリックドメインと著作権　146
　3　ビジネスと贈与の間　148
　4　文化は何を目指すのか　150
　5　集合と個の新たな関係の構築を目指して　153

# 第3部　新しい社会変動論の可能性

## 第11章　社会のハイブリディティに関する理論的研究 ―― 160
### ――グローバル化時代の社会変動論のために

　　　　　　　　　　　　　　　　　　　　　　内海　博文

　1　グローバル化と社会概念の困難　160
　2　時間と空間の再考　162
　3　社会のハイブリディティ　165
　4　ゾーンからの社会変動論　170

## エピローグ　現代において社会の変化を論じるということ ―― 175

　　　　　　　　　　　　　　　　　　　　　　内海　博文

　1　社会変動論の衰退？　175

   2   社会変動論の拡張   176
   3   社会変動論の錯綜   177
   4   社会変動論と想像力   180
   5   社会変動論の可能性   183
   6   社会変動論のダイナミクスにむけて   186

あとがき

執筆者紹介

プロローグ

# 人間と社会変動の関係を考えるために

北野　雄士

## 1　社会の変化と私たち

　私たちは内なる社会や外なる社会の変化に触れて、希望を感じたり、不安や恐れを感じたりする。

　危険なのは、現象の一面を誇張して支持を得ようとする人々に不安や恐れをかきたてられて、安易に同調してしまうことであろう。このようなことは私たちが所属している集団でも起きているし、政治の世界ではポピュリズムの現象として生起している。

　そのような負の感情からできるだけ自由になり、私たちの内と外の変化の実相を冷静に見極めながら、行動することが求められている。

　変化が私たちの内面や生活の空間で生まれ、変化に関する言説が氾濫する中で、できるだけ動揺せずに変化を生き、変えるべきものと変えてはならないものを見分けられるようになるには、どうすればよいのか。社会変動に関する研究はこのような切実な問いを投げかけられている。

　プロローグでは、人間と社会変動に関する上記の問いを考える手掛かりとして、2と3で、変化に振り回されない政治的知性を感じる坂本龍馬（1835-1867）とA. トクヴィル（1805-1859）を取り上げ、4で、本書を構成する11の章とエピローグの概略を紹介する。

　幕末の志士である坂本龍馬と、19世紀フランスの思想家であるトクヴィルには、一見したところ、ほとんど共通点がないように見えるかもしれない。龍馬は土佐藩の郷士の出身で、ペリー来航後の幕府の対応に失望し、開明的な人物の話を聞いて日本の変革を志した。旅をしながら、各地の志士と志士、新しい政治体制を目指す藩と藩をつないで、幕府を倒そうとした。龍馬が創ろうとし

たのは、朝廷のもとに全国から人材を集め「上下議政局」も備えた国家である（宮地 2003：588-589）。維新直前に暗殺されたが、倒幕に貢献した点で革命家としては成功したと言えるかも知れない。それに対して、有力貴族の末裔であるトクヴィルは、大革命後もフランスで進行する民主化と中央集権化の潮流の行方を見定めようとして、アメリカやイギリスなどの調査旅行を行った知的エリートであり、外務大臣も務めた政治家でもあった。政治家としては必ずしも成功しなかったが、その著作の射程は現代に及び、特にアメリカ論は政治学や社会学の古典とみなされている。

　欧米による強硬な開国・通商要求という圧力の下で、民主的な統一国家を建設しようとした龍馬と、民主化が専制を生み出し自由を抑圧してしまう危険性を指摘し、自由を守るために残すべき社会制度は何かを明らかにしようとしたトクヴィルとでは、民主化を巡る政治的課題が全く異なっていた。

　しかし、二人の生き方や考え方を比較して行くと、距離を置いて社会の変化を見ることができる知性の他にも、様々な共通点が見えてくる。変化への姿勢に注目しながら、龍馬とトクヴィルの生涯を概説し、両者の共通点を考えてみよう。まず次節では龍馬を論じる。

## 2　坂本龍馬

　龍馬は1835（天保6）年、土佐藩の郷士の次男に生まれた。実家は土佐の豪商才谷屋の分家であり、曽祖父の代に郷士の家になった。1853（嘉永6）年19歳の年、剣術修行のため江戸へ赴いた。同年6月黒船4隻が浦賀に来航した。12月には佐久間象山の塾に入門している。翌年6月帰国した。

　黒船来航の翌年、幕府は日米和親条約を締結して開国し、1858（安政5）年には米、蘭、露、英、仏と修好通商条約を結び、貿易が始まった。その間に幕府の権威は低下し、物価が高くなるなど、様々な面で社会の流動化が進行した。

　1856（安政3）年、龍馬は再び江戸で剣術修行に励み、1858（安政5）年に免許を得て国に戻った。1862（文久2）年3月、脱藩して九州を巡歴し、再び江戸に向かった。江戸では前福井藩主の松平春嶽に面会することができた。幕府

の軍艦奉行並であった勝海舟にも会い、おそらくこの年のうちに門人になっている（松浦 2008：24-25）。

　1863（文久3）年4月、海舟は幕府に神戸海軍操練所を創設する責任者を命じられた。龍馬は海舟が併せて神戸で開く私塾の海軍塾の設立・運営を手伝った（松浦 2008：36-37）。29歳の龍馬がこの年の3月と5月に姉に出した手紙には、人生の進路が定まった喜びがあふれ、海軍修行のため40歳頃までは土佐に帰らないと書かれている（宮地 2003：60-67；宮川 2016：30-33）。

　1863（文久3）年6月29日付の姉宛の手紙で、龍馬は、アメリカやフランスが長州藩の砲撃に報復した際に破損した軍艦を、幕府が修繕していると憤り、日本を「今一度せんたく」したいと述べている（宮地 2003：76-77；宮川 2016：37-38）。同年8月中旬、公家の中山忠光と龍馬の友人を含む土佐の脱藩浪士などが蜂起して、大和天誅組の変を起こしたが、失敗した。この頃、龍馬は情勢をじっくり見て、倒幕の時が熟するのを待っていた。翌年幕命で海軍操練所が閉鎖されると、薩摩藩の支援を受け、長崎で亀山社中を設立し貿易業を始めた。龍馬は仲間と協力し、武器購入の斡旋などを通じて、敵視しあっていた薩摩藩と長州藩の間を取り持ち、1866（慶応2）年1月の薩長盟約の成立にも関わった。翌年11月、京都で暗殺された。

　龍馬は武家文化と町人文化の融合した一族の出身であり、身分上は下級武士でありながら、商人的な生き方も志向している。脱藩した志士で商社の代表という、マージナルでハイブリッド（異種混交的）な存在だった。剣術修行で土佐を離れた後は、一時的に帰国した時期を除き、ほとんど旅暮らしだった。旅の中で、色々な身分に属し、異なる文化や思想をもつ人物に出会い、様々な事件に遭遇して、日本が置かれた国際的立場や、幕政の問題点を知り、統一的で民主的な日本のあり方を構想できるようになった。

　倒幕勢力の結集が脱藩浪人の龍馬に可能であった個人的な条件としては、時勢の流れを見極めて、決起する時を判断しようとする冷静さとともに、見識のある人物を見出す力、様々な身分の人々と接触し相手に気に入られる性格、旺盛な行動力を持っていたことが挙げられよう。

　また、龍馬が藩を越えて日本という観点から行動できた社会的条件は、次のように考えられる。19世紀になり欧米の艦船が日本近海にしきりに出没する中

で、世界情勢やアヘン戦争の情報が日本に伝えられた。開明的な武士や知識人はそのような情報に接して日本の将来を案じて、各地で情報や意見を交換し合う会合や私塾を組織した。龍馬が短期間に日本が置かれた立場を理解し、新体制を構想できたのは、当時の開明的な人物に出会って話を聞き、私塾や剣術道場のような、身分を越えて議論し、情報を交換できる開かれた言説の空間に出入りできたからである。他藩の武士や町人、外国人に会え、海外の文物に触れられる長崎というグローバルな都市に拠点をもっていたことも重要だろう。

社会の中で新しいものが創発される過程を見ると、しばしば初期の段階で、一人あるいは少数者が異質な人物や文化に触れて刺激され、新しい地平に立って行動しはじめるということがある。坂本龍馬はまさにその一例であった。

## 3　トクヴィル

トクヴィルは政治家として19世紀半ばのフランスの政治に関わりながら、著作を通じて、進行する民主化と中央集権化の潮流の由来を明らかにし、その行く末を見定めようとした。

1831年、25歳のトクヴィルは民主主義の未来を確かめようとアメリカ合衆国に渡り、政治、経済、法律、習俗、監獄制度などを調査した。トクヴィルにとって、アメリカはアリストクラシー（貴族制）がなく、諸条件の平等化という意味での民主化が実験されている場所であった。帰国後『アメリカの民主政治』（第一部）を著して（1835）、アメリカでは民主化が、将来圧倒的な力で少数者を圧迫する専制政治を生みだす可能性があると論じた。トクヴィルによれば、アメリカで今のところ多数者の専制が阻止されているのは、行政の集権の欠如、地方自治の伝統、陪審員の経験によって法律家精神が市民層に育成されていることなどに起因する。

『アメリカの民主政治』で名声を得たトクヴィルは、1839年に下院議員に当選した。1840年には『アメリカの民主政治』の第二部を出版し、民主主義がアメリカの信仰、学問、文学、感情、習俗、政治社会などに与える影響を、貴族社会と比較しつつ考察している。1848年の二月革命の翌年、短期間外務大臣になったが、1851年、ルイ・ナポレオンのクーデターの際に逮捕されて政界を引

退した。

　トクヴィルは1850年から翌年にかけて病気療養の合間に回想録を書いている。この回想録は、フランス二月革命に巻き込まれた自己自身と関係者の性格、思想、行動をできるだけ感情を抑制して時には辛辣に描き、さらに革命後の外務大臣時代からクーデターによって逮捕されるまでの体験に言及している。同時に、自己の思想の基軸を明らかにしながら、時代の底流として社会がブルジョアの時代から労働者の時代へと変化していること、所有権が危険にさらされており、政治的自由の未来が危機的であることなどを指摘している。回想録は見聞した個々の事件を叙述しつつ、同時に事件の背後にある時代の大きな流れを捉えようとした優れたルポルタージュになっている。トクヴィルが回想している二月革命が起きた1848年は、K. マルクスと F. エンゲルスが『共産党宣言』を発刊して万国の労働者に団結を呼び掛けた年でもあった。

　その後、トクヴィルは文筆家として自覚し、『旧体制と大革命』の執筆を始め、1856年に出版した。続篇も書き始めたが、未完のまま死去した（1859年）。『旧体制と大革命』はまず、貴族、聖職者、ブルジョワ、農民の心性や思想について共通点や相違点を指摘しながら、フランス革命の原因を考察し、次いで革命前と革命後の間で各階級の意識や政治制度について、何が連続し、何が連続しないかを解明しようとしたものである。トクヴィルによれば、革命の大きな原因は、旧体制と融合し残存していた、貴族や聖職者の封建的特権に対するブルジョワと民衆の激しい憎悪であった。革命により貴族的・封建的な制度や特権は廃止された。一方、旧体制下で中央集権化とブルジョワの事実上の支配が進行しており、その傾向は革命によってさらに強化された。また、当初自由と平等を求めて革命を起こしたブルジョワや農民は、革命の間に獲得した土地や財産を守るため、自由を捨てて、軍事独裁者ナポレオン＝ボナパルトに臣従した（革命のパラドックス）。

　トクヴィルは政治的自由、公共精神、精神の高貴さ、抵抗精神は封建制に根差すと考え、その意味で廃止された貴族制や高等法院の役割も認めている。旧体制に対する偏見や思い込みを批判し、旧体制の制度が政治的自由を担保する機能も果たしていたことを強調する。ただし、革命前の特権的貴族的自由は無規律で危険な自由であり、法の支配に服さなければならないと述べている。彼

には、政治的自由とその前提となる所有権が何よりも重要であった。

このようにトクヴィルは『旧体制と大革命』において、アメリカ、イギリス、ヨーロッパ諸国などでの調査旅行や膨大な一次史料の渉猟を通じて獲得した知識や経験を駆使し、思考の中で空間と時間の軸を自在に移動しながら、アメリカ、イギリス、フランス、それぞれの社会の過去と現在の比較や、各社会の共時的比較を行い、フランス革命の原因、革命前後の変化、革命と自由の関係、自由が成り立つ社会的条件などを考察している。

以上のように、トクヴィルと龍馬は生まれた国の政治状況や精神文化も、民主化に関わる政治的立場も、社会的身分も大きく異なっていた。しかし、以下の4つの共通点を挙げることができる。第1に、社会の変化に流されないように、できるかぎり変化に対して距離を保とうとする知性の持ち主であったことである。第2に、新しい地平に立って国家や社会のあり方を考え、変えるべきもの、あるいは変えてはならないものを自覚し、行動したことである。第3に、ともに国を愛し、その国の未来を憂うるナショナリストであったから、祖国の現在と未来に無関心でいられなかったことである。第4に、どちらも出自や生育過程、青年期以後における、異なる文化をもつ人や社会集団との接触により、ハイブリッドな文化を身につけていたことである。

第4の共通点をもう少し詳しく説明しておこう。龍馬は商家から分家した郷士の家に生まれ、武士と商人双方の文化を吸収して大人になった。一方トクヴィルは旧貴族出身で貴族の社会や精神に育まれると同時に、革命後の社会の中で、啓蒙思想家の書物を読み、同時代のロマン主義の影響を色濃く受けている（高山 2012：22-23、66-91）。二人は成長の過程で、二つの世界に足をおくマージナルな存在（境界人）になり、ハイブリッドな文化を身につけた。青年期以後、開かれた精神をもった二人は様々な地域を旅し、その間に民族、身分、思想、社会的地位、経済力が異なる多くの人々に出会って交流し、彼らの心情や思想をよく理解できるようになった。二人は旅の間にますますハイブリッドな存在になっていったのである。

龍馬やトクヴィルのように境界的な立場に生まれるとは限らない私たちが、内と外の変化に対して冷静で柔軟に対応できるようになるには、自問自答、読書、交友、旅行、仕事などを通じて、自己そのもの、自国の歴史や文化のみな

らず、諸外国の歴史や文化、非所属集団の心性や文化への理解を深めて、生起する変化を一歩離れて多元的に捉える力をもつことが必要になるだろう。

## 4　各章とエピローグの概要

　本書は3部からなる。第1部「変化する社会を生きる」では、様々な領域において、人々がどのように変化を生きてきたか、今どのように生きているかを描き、第2部「社会の変化を創り出す」では、様々な領域で、人々が近代から現代にかけてどのような変化を創り出そうとしてきたか、将来どのような変化が起きる可能性があるのかを考察している。第3部「新しい社会変動論の可能性」は従来のグローバル化論を再検討し、「ゾーン(地帯)」において行われる、内外との多元的な相互作用を通じて形成されるトランスナショナルな想像の共同体という考え方を導入して、グローバル化論の再構築を試みている。エピローグは、近代化論以降の社会変動論の全体状況を俯瞰した上で、社会の変化という人々の夢が社会変動に与える影響力という観点に立って、社会変動と社会変動論の相互関係を問い直し、社会変動論の新たなあり方を探求したものである。

　第1部第1章「差別＝社会との出会いの変容——被差別経験の語りから」(山本哲司)は、滋賀県下の被差別部落で行われたライフヒストリー・インタビューのデータをもとに、被差別経験の語りを取り上げ、差別する社会に対する、差別される主体の関わり方の変遷を考察している。考察の対象は、戦前生まれの人々、戦後に生まれて解放運動に参加した経験のある人々、1980年代生まれの人々、それぞれの語りである。山本によれば、差別される主体の関わり方は、共同体という拠り所と一人前の対等な人間として生きてきた誇りとによって、差別／被差別が拮抗する厳しい世界を生きることができた戦前の時代から、戦後盛んになった解放運動に参加することにより差別に対峙する主体を内面的に確立できた時代を経て、差別のリアリティが希薄化し記号化することで主体の確立が困難性を増した若い世代の時代へ、というように変化している。

　第2章「生駒山地における修験道とクリスタル・ヒーリングの習合——都市

近郊山間地域における信仰活動の伝統の発明」（岡尾将秀）は、生駒山地にある寺社の伝統的な信仰活動が、都市とその近郊の住民の生活の変化に応じて変更されながらも、どのように再現されてきたのかを明らかにしようとしたものである。そのために、代々の住職が、信者の世代交代や属性の変化に応じて、海外の信仰活動を取り込みながらも、修験道の伝統的な信仰活動を継承してきた稀少な事例として、A寺院が論述の対象とされている。その年中行事やその担い手、参加者が戦後から近年に至るまでどのように変化してきたかが概観された上で、特に現在の三代目の住職によって、アメリカ先住民のクリスタル・ヒーリングが修験道や密教の伝統に接合されたことが何を意味するかが、「伝統の発明」という観点から考察されている。

　第3章「土地利用からみた農村の半世紀——滋賀県野洲市須原地区を事例として」（川田美紀）は、「農業の近代化」という条件によって、それまで営まれてきた地域の農業のあり方、環境とりわけ土地に対する人々の意識や土地との具体的な関わり方がどのように変化したかを検討するために、その一事例として湖畔の農村集落である滋賀県野洲市須原地区を取り上げたものである。川田によれば、「農業の近代化」は、労働内容や時間を大幅に軽減し、家族総出の労働や農家の共同労働、水の共同利用などの必要がなくなり、土地と人々の関わりは個人化していった。その一方で、近代的農業を行うために必要な費用が増大し、農業組合を設立して共同で問題を解決しようとした。物理的な土地と人々との関わりは個人化したが、土地と関わり続けるために農業組合という形で共同性が維持された。ただし、近年は地区内の農家が減少したため農業組合と自治会が組織的に切り離され、共同性は物理的に土地と関わり続ける農業者間では強いが、離農した人々の間では薄れつつある。そこで、水田や水路を地域の環境と捉え、それを保全する試みとして、「魚のゆりかご水田プロジェクト」が新たに取り組まれるようになった。これにより、地域の非農家の人々も水田を訪れる機会ができ、他の地域の人々との交流も生まれている。川田は、このようなプロジェクトを通じて、私的空間の色合いが濃くなった水田を、地域住民の「共同利用空間化」（コモンズ化）することが、須原地区の地域コミュニティにおける生活の豊かさにつながるのではないかと考えている。

　第4章「継子が語るステップファミリー経験と日本の家族制度の課題」（菊

地真理）はまず、近年の日本における離婚、再婚の大幅な増加に伴い、両親の離死別と再婚によって形成されたステップファミリーの中で暮らす未成年の継子が増えている現象を紹介している。菊地は継子の社会的適応を支援する立場に立ち、ステップファミリーで育ち成人した継子を対象としたインタビューに基づいて、離婚後も両親による共同養育制度がないことが、継子の適応やライフコースにもたらしている影響を調査・分析している。結論として指摘されているのは、単独親権制と、再婚家庭の一体性を重んじる社会意識のために、再婚後ほとんどの場合、別居親やその親族との交流が途絶えてしまい、継子の成長や教育達成にとって大きな損失になっていることである。その一方で、別居親やその親族とも継親とも関係を築いている「並行型」の場合には、たとえ別居親との面会頻度が半年から1年の間に1度だけであっても、別居親やその親族が自立の支えとなって継子の成長に大きく寄与している。末尾では、このような「並行型」を支えていくために、今後日本でも別居親との共同養育の法制度や組織を創出すべきであると主張されている。

　第5章「超高齢社会における高齢期の意味の変容——百寿者を親にもつ子ども高齢者の語りから」（安元佐織）は、百歳以上の超高齢者である「百寿者」の親を持つ子ども高齢者へのインタビューを通じて、子ども高齢者が「歳をとる」ことにどのような意味づけをし、その意味づけをベースにしてどのような高齢期を迎えたいと希望しているかを明らかにしようとしたものである。安元によれば、百寿者の親を持つ子ども高齢者は介護する間に、年をとると喪失するものが多いということを学んでいた。しかし、子ども高齢者が高齢期を悲観的に捉えているとは言い難く、逆に失われるものを想定できるからこそ、自身が失うものを最小限にできるように努め、もしくは失うことは仕方なくても、日常生活におけるコントロール可能な習慣や人間関係を維持するというように、自分なりに高齢期を選択する前向きな姿勢を持つようになっていた。例えば、超高齢者の親を介護した経験から、自身の場合は父親としての尊厳を失わないように、他人のサポートや介護を受け入れる心づもりを持つようになった高齢者もいる。

　第2部第6章「横井小楠の思想はどのような社会的条件で生かされたか——小楠が改革しようとした熊本藩と福井藩の政治状況を比較して」（北野雄士）

は、幕末の熊本藩士で儒者であった横井小楠が熊本と福井で同志と試みた改革の運動を比較し、その思想が生かされるかどうかを決定した社会的条件を考察したものである。小楠は古代中国の神話的皇帝が行ったとされる仁政の実践を心掛け、欧米の民衆本位の政策を採用して、当時の日本で平和で豊かな民衆の生活を実現しようとした。そのため、まず熊本で改革を試みたが失敗した。熊本藩主細川斉護とその側近は藩の維持を最優先にしており、藩政を批判し開国を唱える小楠を危険人物とみなして排除した。一方、小楠を招聘した福井藩主の松平春嶽は開明的で、すでに軍制改革や富国政策を始めており、その過程で有能な実務派の藩士が育っていた。小楠は春嶽に見込まれ、福井で、実務派藩士の協力を得て、民生を重視する立場から、殖産興業や海外貿易などを推進し、成果を挙げた。最後に結論として、小楠の思想が生かされるかどうかは、特に仕える藩主の意向やリーダーシップ、その時の主流派藩士の意向や勢力によって左右されたと述べられている。

第7章「行政広報研究に見る行政と市民との関係形成の変遷——パブリック・リレーションズの視点から」(太田美帆)は、日本の行政活動の課題は、行政と市民の関係の上下関係から対等な関係への変化、及び市民と行政のパートナーシップの確立であるという価値判断に従って、戦後、市民の政策判断と自由な意思決定のためにGHQによって導入された行政広報に着目している。その上で、行政広報に関する行政学的研究の根底にある、行政と市民の関係に関する考え方が現代までにどのように変遷したかを跡付けている。太田によれば、戦後始められたパブリック・リレーションズは、1970年代には住民運動の高まりの中で、住民の行政活動への参加要求をいかに行政過程に組み込むかという問題意識にまで発展した。だが現在、財政的な制約のために行政に都市間競争に向かわせる研究が増加し、そこでは住民が共に地域を創る相手ではなく、政策を「説く、問う、売る、守る」利害関係者とみなされており、住民と行政の間のツーウェイ・コミュニケーションの確立という当初の行政広報の理念が薄れている。

第8章「貧困対抗活動の生態系と社会的レジリエンス」(西川知亨)は、日本で行われている様々な貧困対抗活動を調査し、その社会生態学的な分類を試みたものである。すなわち、西川は縦軸に「当事者」近接的か／「当事者」遠隔

的かという軸を置き、横軸にボランティア志向か／事業志向かという軸を置いて、まず貧困対抗活動を、①ネットワーク系、②「草の根」連帯経済系、③グリーン／アース系、④ソーシャル系という四つの活動群に分類し、次いで4群相互の関係を考察している。さらに、各活動群において、貧困「当事者」や活動家が個人的、集団的にレジリエンス（個人や組織を柔軟に立て直す力）を創り出した例を理論的に整理している。

第9章「原発反対運動と地域メディア——熊野・井内浦原発の反対運動を事例に」（景山佳代子）は、1971年から16年間続いた三重県熊野市の井内浦原発反対運動を取り上げ、原発計画がこの小さな町でどのように受け止められ、なぜ16年という時間の末に拒否できたのかを、熊野市で発行されている地域紙『吉野熊野新聞』を主な手掛かりにして考察したものである。景山によれば、熊野に原発問題が持ち上がった時、『吉野熊野新聞』は発表報道や告知以外に、投書やコラムなどで原発問題を取り上げ、熊野市民の「声」をより直接的に紙面に反映させていた。講演会や学習会への参加、新聞や本の購読、住民同士の話し合いや投書など、市民のささやかな取り組みは『吉野熊野新聞』で「見える化」され、各地の人々の声を持続的に読者や議会に届け、原発拒否の決議にいたる世論形成に大きな役割を果たした。

第10章「パブリックドメインから見たサイバースペースの未来——個と集合は両立するか？」（曽我千亜紀）は、サイバースペースにおいて個が自らの利益を追求する「個の肥大化」現象が生じて、楽観的な展望がもてなくなった現状を踏まえた上で、様々な複製技術の進歩により、文化が容易にシェアされるようになった現在、これまでとは違った形でサイバースペースの特質を活かすことはできないか、その場合新たに個と集合を両立させることはいかにして可能かを考察した論考である。この問いに答えるための題材として、著作権保護期間が終わってパブリックドメインに入った、文字テキストや複製可能な写真、映画、動画などが選ばれている。曽我によれば、例えば、文学作品が多くの熱心な読者の支持に支えられているように、集合が豊かになれば、個もまた豊かになり、才能ある個が生み出す立派な作品は集合の糧になる。著作者の背後には過去の様々な作品、文化、歴史が控えており、まさに著作者はコモンズ（だれでもアクセスできる「共有地」）の中で作品を生み出していることが分かる。文

化や歴史をコモンズの中で理解して、なお残る何ものかが、個と呼ばれるようになる。このように曽我は、パブリックドメインやコモンズの中から新たな形態の個が生まれ、集合と新しい相互的関係を築いていく未来を描いている。

第3部第11章「社会のハイブリディティに関する理論的研究——グローバル化時代の社会変動論のために」（内海博文）は、グローバル化時代に適合的な社会変動論を展望するために、まず、厚東洋輔の新社会概念、すなわち、他の社会との相互作用に開かれ、その中でモダニティと伝統が創発的に再編されてハイブリッド化が生じる個々の社会と、個々の社会をまたがって広がり、多元的な相互作用に基づく包括的な社会という二つの水準の社会概念を採用する。その上で、内海はこの新社会概念に基づく理論と経験的研究とを接続するために、例えば、東南アジアの特区のような、「ゾーン（地帯）」という概念を導入し、二水準の社会の双方に属する空間であるゾーンにおいて行われる、内外との多元的な相互作用を通じて形成されるトランスナショナルな想像の共同体という見方を提示する。ゾーンにおけるハイブリッド化によって生まれた新しい要素は、二水準の社会の双方に組み込まれて、双方の社会の変化を促していく。こうして内海はグローバル化という社会変動を、二水準の社会のそれぞれにおける、ゾーンを媒介としたハイブリッド化とその影響と捉えている。

「エピローグ　現代において社会の変化を論じるということ」（内海博文）は衰退にも映る社会変動論の現状を、社会変動論のあり方が変わりつつあることの現れとして解釈することで、社会変動論の可能性を探ったものである。内海はまず、社会学、歴史学、人類学の分野における社会変動論の現状を、グローバル化論のように変動の波が国家を越えて外へ拡張してゆく側面の研究と、国家の内部で周辺に置かれている人々が歴史を創造してゆく側面の研究に整理し、前者が過度の単純化に、後者が過度の複雑さに陥る傾向があるという。次に、社会変動の中から生まれた「社会の変化という夢」が社会変動論に取り込まれ、今度はその取り込まれた夢が逆に社会変動を駆動してゆくという、社会変動論と社会変動の相互作用が指摘される。さらに、今や社会変動論は従来の特権的地位を失い、現実の社会変動の中でそのあり方自体が問い直されているという立場から、日常生活の中で人々が社会の変化についていだいている夢も、理論的な社会変動論と対等なものとみなされ、現実の社会は、社会変動に

関する複数の表象が相互作用する空間としてのネットワークとして把握される。このように内海は、社会の変化についての人々の日常的な想像力を包摂することによって、新しい社会変動論の方向づけを試みている。

　以上の11の章とエピローグは、近代から現代にかけて私たちが様々な変化にどのように反応し、どのように新しい自己や関係性を創り出してきたか、新しい変化の潮流は人間や集団、さらに社会変動論それ自体にとって何を意味しているのか、今後どのような社会変動論が可能なのかを考察したものである。本書は全体として、変化を生きながら変化を創ってゆく人間の営みに注目し、変化に関心を持つ人々に対して、変化を考えるための材料を提供しようとするものである。

【参考文献】
ジャルダン、アンドレ（1994）『トクヴィル伝』大津真作訳、晶文社。
高山裕二（2012）『トクヴィルの憂鬱――フランス・ロマン主義と〈世代〉の誕生』白水社。
トクヴィル、アレクシス・ド（1998）『旧体制と大革命』小山勉訳、筑摩書房。
―――（2005）『アメリカのデモクラシー』（全4冊）松本礼二訳、岩波書店。
―――（2015）『フランス二月革命の日々――トクヴィル回想録』喜安朗訳、岩波書店。
平尾道雄編（1979）『坂本龍馬のすべて』新人物往来社。
松浦玲（2008）『坂本龍馬』岩波書店。
宮川禎一（2014）『増補改訂版　全書簡現代語訳　坂本龍馬からの手紙』教育評論社。
宮地佐一郎（2003）『龍馬の手紙』講談社。

# 第1部

# 変化する社会を生きる

# 第1章

## 差別＝社会との出会いの変容
―― 被差別経験の語りから

山本　哲司

### 1　はじめに

　部落差別の問題は、行政による同和対策事業が終了した現在では、歴史＝過去となりつつあると述べる人がいる。確かに日常生活のなかで、部落差別の問題に出会う機会は減少しているのかもしれない。もしも本当に過去の問題になってしまっていればそれに越したことはない。
　しかし、私たちはそれがどのような問題であるのか本当に知っているのであろうか。かりに、問題が消滅の方向に向かっているとしても、ある差別問題が無くなっていくとはどのような状況を指すのだろうか。また、それは現実を生きる人間にどのように経験されるのだろうか。
　ここでは、滋賀県下の被差別部落で行われたライフヒストリー・インタビューのデータをもとに、被差別経験の語りをとりあげ、その変遷について考察したいと思う[1]。とりあげられるのは差別の事件の歴史ではない。日常生活の暮らしを語るなかで、どのように部落差別という問題に出会い、それはどのように語られようとしているのか、という個々の体験である。戦前から21世紀へ生きる人々の被差別の経験の語りから、社会の変容と自己のあり方について検討することにしよう。

### 2　差別／被差別の拮抗と誇り

　明治・大正生まれの方々の人生の語りは、それ以降の人々に比べ、具体的な状況や内面の描写にそれほど雄弁ではない。加齢のために寡黙になることも考えられる。しかしそれを考慮しても、内面の吐露を伴う語りは、戦後生まれの

第1章　差別＝社会との出会いの変容

方に比べて少ないといえるだろう。ここでは、そのなかでも状況を能弁に語る1914年生まれの男性Aさんが体験した社会との出会いから検討をはじめよう。

　滋賀県湖北地方の被差別部落に生まれたAさんは、インタビュー時に地元では解放運動に協力的な人物だと紹介された。戦後、若者を中心に始まるAさんの村の解放運動は、保守的な地域性のため賛同者は少なかった。そのなかで、Aさんだけは戦後の若者たちの活動を支持してくれたという。
　Aさんの聞き取りでは、他の年輩者よりも直截的に差別が表現されていた。正面切って差別問題をとりあげるAさんの語りには明確な意志が感じられた。
　小学生の頃、級友に部落を揶揄する言葉を投げつけられ、喧嘩になった記憶。「あてなしで、帰りの汽車賃持たんと」名古屋へ職探しにでかけ、戦火に焼け出された体験。3人目の息子の出生後、妻に先立たれながらも男手ひとつで息子たちを育てた自負の語り。「自分からは手を出すな」、しかし相手が「おかしなことを言ってきたら、死ぬ気で」戦えと言い含めた子育て。そのなかで、息子の恋愛を巡る体験は、差別の厳しさを伝えると同時に、Aさんの受け止め方を示す象徴的な語りに見えた。
　板前として働くAさんの息子に、恋仲の女性が出来た。近在の女性だが、被差別部落ではない。二人の関係を知ったAさんは、息子を戒めた。部落外の女性との付き合いの先はどうなるのかわかっているのだから相手の女性には諦めさせよ、と。息子は女性に別れ話を切り出したそうだが、実際に別れた様子はなかった。
　Aさんは息子を連れ、女性の実家へ両親を訪ねることにした。訪問でもっとも腹立たしかったのは、女性の両親が手に数珠を持っていたことだった。「数珠を持って出てくるんですよ」。穢れを不浄と化す呪術的な意味合いでもあったのだろうか。ともかく、Aさんは両親に語り始めた。

　　私は、はっきりと申しますけど。私自身、私らの、もう、部落の出は、ほの、なんや。あんたらのご承知の通り、同和の村である。同和のほのことを、私、最初から（相手の両親に）ぶっちゃけて話をしました。

Aさんは、女性の両親に娘を家に引き留めておくようにと忠告したそうである。娘が大事なら息子の店に寄りつかないように見届けてください、と。両親もそれはもちろん承知であると答えたという。

訪問の数日後、息子たちの姿は街から消えた。二人は駆け落ちをしたらしい。息子も手に職を持つ男だ、どこかで何とかしているだろうとAさんは二人に思いを馳せた。ところがある日のこと、居場所を調べた女性の両親が娘を連れ戻すと連絡をしてきた。そこで、親たちが知ったのは、名古屋に暮らす二人の間に子どもが産まれていたことだった。しかし女性の両親は、連れて帰るとひかない。

　　自分の娘をそのままで置いとくことがいかん、とこうや。向こうさんが。よろしいか。子どもが、もう、ひとり出来てますねやで。子どもがいるんやで。乳飲みの子が。

Aさんの語りには、妻に先立たれ男手ひとつで子どもを育ててきた思いが重なっていたのかもしれない。いずれにしても、Aさんは子ども共々に連れ帰るという女性の両親に向かって、次のようにしか言うことができなかった。

　　子どもを親に預けて、本人（＝息子の妻）は嫁入りしてもらうことは、断じてできないよ、と。な。断じてささんと。どうか、そのようにひとつ、してください。あくまで、ええかな。その子どもは母親だけを頼っていかなならんということになるんやから。な。断じてもう、ええか、男と女との縁が切れるんやから、切るんやから。この場で。

## 3　向けられる差別と知らされる差別──差別との出会い

Aさんの語りには時代がかった表現を取り去ったとしても、前時代的な"分をわきまえる"感覚がうかがえる。あるいは自立した生活者の誇りを保持しながら、決して相容れない差別／被差別の拮抗した世界の感覚が感じられる。息子の恋愛に相手の女性との別れを促す様子は、子ども時分からの誇りの強さに

かえって社会の厳しさを感じさせる。

　差別の厳しい様子は、近隣の村々で直接受けた差別の言葉や態度の話で伝わってくる。Ａさんだけでなく、1923年生まれの男性Ｂさんも、母親が近隣の行商で体験した差別をよく耳にしていた。ただ、Ｂさん自身は、直接侮蔑された経験はほとんどない。差別を感じるきっかけは地元と近隣の村々との違和感にあった。「俗に言う貧乏、身なりや職業」によって、被差別の地域とそうでない地域の生活に違いが感じられた。村落同士の習慣である「祭りよばれ」に「ウチのむら」は呼ばれない。差別／被差別は地域間の関係性として感得されてきた。

　Ｂさんは神戸の商業高等学校への進学を通じて、差別問題に向き合うようになっていく。神戸の街を級友に紹介されたＢさんは「○○は危ないから近寄るな」、人も身なりも良くないと部落について忠告される。同様の経験は、部落外に出た人々に頻出する。明治34年生まれの男性は、神戸の出稼ぎ先で親方から部落の話を聞かされ、嫌になって職を転々と変える。明治生まれの女性は行商先で聞いた部落の話に「身がぎゅっと縮こま」った経験を語る。

　ここまでに被差別の経験には二つの状況があることがわかる。ひとつは語り手本人に侮蔑の態度や言葉が使われる……私自身に向けられた差別の経験である。もうひとつは、部落の外に出て出会う部落への差別発言である。Ｂさんたちを被差別部落の出身と知らずに、人々によって語られている部落への蔑視との出会いである。ただ、戦前の方たちのそれらのエピソードは、その場を避けたり地元に戻る様子が語られることが多く、戦後生まれの方たちのように内面の語りには至っていない。

## 4　内面の語り

### （1）部落問題の学習と自己

　戦後生まれの方々の語りは、被差別経験と内面の自己の分析に特徴がある。差別と自己の分析のまなざしは、解放運動の論理の浸透とその結実でもある。戦後、各地で立ち上がった部落解放運動は、同和対策事業の獲得や差別の糾弾とならび、被差別の立場にある人々の意識の解放も理論的に洗練してきた。そ

の成果は、暮らしのなかで生きられる論理として語りに現れてくる。[2)]

　たとえば、「大学生のお兄さんとの交流」を経験した1949年生まれの女性Cさんが語る夫の分析は、地域の運動のひとつの結実を物語るエピソードである。

　Cさんが出身地を部落だと知るのは、中学時代に「なんかわたしのところは、人から悪う言われる」ところだと、級友から聞いたことがきっかけだった。その当時、部落問題の学習会に参加をはじめていた両親はCさんの友人の発言に何も言えなかったが、Cさんは両親が何の集会に出かけているのかもよくわかっていなかった。それでも夏になると「東京の大学生」（早稲田大学の部落問題研究会）との遊びを通して、解放の運動にふれあう機会はあった。Cさんは、直接の説明や言葉はなくとも、「なんとなく」部落の問題や解放の活動に近づき、人間的なふれあいの機会を与えられたと自覚しているようであった。

　一方でCさんの嫁ぎ先である県内の被差別部落は、差別問題への取り組みがかなり遅れていた。Cさん夫婦より上の世代には、「寝た子は起こすな」という消極的な意見が強い。Cさんの夫は、部落解放運動に対する地域のイメージを「居眠とった町」と紹介している。夫自身も運動に対して消極的で、自己表現に乏しく、Cさんからすると歯がゆい思いさえあった。Cさんだけでなく、他の部落から嫁いできた女性たちは嫁ぎ先での消極的な対応に不満を抱いていたが、こうした状況では被差別状況への感受性も異なってくるとCさんは分析している。

　　なんかその、部落であることは、悪いことみたいに。うん。自分の意識の中に、うん。そういうことで。もう、なんかそのぅ、人と接するっていうことが、すごい苦手なっていうのか、臆病なっていうのか……ほんで、そういうこと（＝思いを言葉や行動にすること）が、苦手な、原因になってんのちゃうんかなって、うん。そんで、やっぱりそのぅ、学習、部落学習っていうのか、そういうことは、自分でせえへんかったら、そのぅなんか、差別されても当たり前みたいな。うん。自分たちが部落やから差別されてもしょうがないんやって、そういうとこまで行き着くんちがうかなと、思うんです。そうじゃなくって、差別する人が悪いやんかっていうことは、やっぱり、いろんな学習せえへんかったら、うん。わからへん。

差別は、内面の自己形成に影響する。被差別の環境に育った人間には、内面に自己の否定や、欠損を感じる感覚が巣食いはじめる。Cさんにとって、それを打破することこそが部落学習という社会教育であり、その活動が「解放運動」の大きな意義であった。

## （2） 自己否定感と自己の変革

ただし、自己の否定や欠損の感情を語ることは戦後の語りの特徴であり、解放の理論はその要請の上に洗練化されたと考えるべきである。戦後生まれの方たちの語りは、それ以前の方たちに比較して自己に対して饒舌である。1949年生まれの女性Dさんは、"解放運動の出会い"によって鬱屈した自己が解放される様子を人生の転換点として語っている。

Dさんは、学生時代から「自分なんか駄目や」というコンプレックスに苛まれ、「自分は結婚できないし、してはいけない」というふうに感じ続けていたという。実際に結婚をしても自分の名前を変えるまでに、Dさんは自己の変革を切望していた。

Dさんの語る自己否定の感情は差別問題に直結する課題であり、思春期特有の過敏な自意識の問題だけではないようだった。それは、コンプレックスの塊だった自分を変えるきっかけが、地元でようやくはじまった解放運動との出会いだったという話で明らかになる。

「運動」のなかで、Dさんは自己自身の内面を語ることについて学ぶ。小さいころからおとなしいタイプで、○○（＝Dさんの生まれた被差別部落）の子どもに見えないと余所の大人に言われたこと。当時の自分はその言葉を嬉しく思っていたこと。それをふりかえる今では、それもひとつの差別なのだと忸怩たる思いを抱えていること…最初は何かを言おうとすると感情がたかぶって涙ながらにしか話せなかったが、少しずつ自分の状況を言葉にすることができるようになっていったとDさんは語る。

Dさんの参加する学習会は、地元のベッドタウン化により新興住宅地の人々を対象に拡大されていった。そこではじめてDさんは、自分の語りに耳を傾けてくれる"部落外"の人々と出会うこともできた。より大きく変われたとDさんは自身の変化を訴える。

## （3） コンプレックスとしての自己否定の背景

　Dさんのような自己否定感や自損感情を訴える語りは、戦後生まれの方々から口々に登場している。

　1963年生まれの男性Eさんは、同和対策事業によって大きく様変わりする村を目前に青春を過ごした。高校生の頃、地元は隠しておきたい存在だったとEさんは語る。「なんか自分の中に、差別受けてしまうんちがうかなという意識」があったことを吐露している。「生まれ育った故郷を隠さなければならない状況を、自分の中で作り出して」いたのである。心中には、大人たちの努力が足りないために、村は貧しく、職にあぶれることになったという思いすらあった。

　やがて差別の構造を学ぶなかで、Eさんは貧しさや職のなさは差別の原因ではなく結果なのだと理解するようになる。内面に抱えた地元や自己への否定感も、差別の結果であること――むしろ否定的な内面の形成自体が人間にとっての差別の意味であること、を現在のEさんは説明している。EさんもCさん同様に、自己や地元の否定感の乗り越えとして、自らの置かれた状況を差別の構造として理解する学習が必要であることを語る。

　ところで、CさんとDさんとEさんの語りが戦後特有の差別と自己の語り方であるとみなせるのは、それが「コンプレックス」の物語として語られるからである。

　たとえばEさんの語りの自己否定には、地元とその他の世界は同等につながっており、平等で対等だという感覚が前提されている。同じであるはずなのに、なぜこのような差異が生まれてしまうのか。ここでは、戦後、自己への感受性が鋭くなった心理的な傾向を指摘したいのではない。コンプレックスと感じるには、それ以前に他者も私もそもそも同じ条件を持つ存在あり、対等であるという感覚が前提されることが重要である。同じ存在であるはずなのに私たちの状況は……という屈折が、コンプレックスであり自己否定感の根底にあることに留意したい。

　先にみたように、明治・大正生まれの方々の語りの特徴は、差別／被差別の関係における村同士の隔絶された感覚にあった。同じであるはずという感覚は希薄で、それゆえ差別は厳しかったとも言え、他方で帰る場所としての村落共

同体が強く意識される場合もあった。「部落内に居てこそ、皆やね、同じで威張って、力があるからあれやけど」（Bさん）。

これに対し、CさんからEさんの語りには村落間の確執よりも、部落外からのまなざしを通して自己を語る感覚が潜んでいるとも言える。社会から受ける差別のまなざしに対して、自己を築く主体性の確立が課題となっている。

## 5　経済成長期の社会変容と部落差別

戦後の経済成長は人や地域社会の流動化を促し、差別のために比較的流動しにくい被差別地域も、部落外との差異が少しずつわかりにくくなっていた。滋賀県の郊外化によって宅地開発が進み、町自体が規模を拡大したように見える部落もある。

住環境の整備により、被差別地域にあった屠場は移転し、「劣悪な環境」は緩和された。経済の成長は服装や身なりなどの貧しさを象徴する差異も希薄化させた。

住環境の整備事業以前は、「差別の川」と揶揄されるような目に見える境界となるものがあった。事業後は、目に見える差別の印は不明瞭になっていたが、「ドウワ」という言葉の流通に見られるように、同和対策そのものを部落の証として意味する新しい記号化も生まれた。近隣の住民間ではどこからが部落でどこまでは部落でないかを習俗的な知識として伝えられる側面もあり、目に見えない境界のようなものを意識させるようになった。

いずれにしても境界線の不明瞭化は差別現象の不可視化を促すこととなった。同和対策事業は終了を迎え、行政の地域との連携や支援は少しずつ撤退し、解放運動の縮小が進むこととなった。

部落のなかでは、経済の活性化による他出問題も目立つようになった。新興住宅地への転出が増加し、自分の出自である故郷に逡巡する語りも現われる。他出後の次世代の子どもたちは、部落の問題を知るにつれ自分のルーツに対するとまどいを抱えるものや、それ自体を屈託なく語る感覚が登場してくるようになった。

地域社会の経済的構造の変化は、部落の内外の境界や差異を不明瞭化させ

た。それは見えない境界を呼び起こす一方で、差別に対する連帯のアウトラインを拡大させた。同時に、次節で確認するように地域性に基礎づけられた被差別のアイデンティティ……連帯の核となっていた主体の曖昧さももたらした。

## 6　部落差別の地域リアリティと記号的リアリティ

### （1）　主体への懐疑と相対化の立場

　2000年代には、滋賀県の湖東や湖北で、解放同盟など運動団体とは趣の異なる若者たちのサークルが動き始めた。湖東のある被差別部落では、部落解放同盟青年部の経験もある男性Fさん（1983年生）を中心に、集まりをはじめたいという気運が高まっていた。運動団体を経験したサークルの中心層は、組織体の人間関係や形式性に辟易とした思いがあった。もっと自由に語れる場をつくりたい。青年層の組織が消えゆくなかで、遊び感覚でもいいから集まれる場所を作ろうという発想だった。

　サークルに集うメンバーの半分は、親世代が転出して現在は部落に住んでいない若者たちである。なかにはまったく部落に親族関係のない近在の若者もいる。なにか面白そうなことをやろうとやってくる人もいれば、「あまり、ふざけるのも嫌」と、問題意識の高いメンバーもいる。解放同盟の活動に参加要請があれば、学習会やイベントに支部‐地域の若者代表として出席している。

　けれども既存の運動団体の差別問題の学習を、メンバーたちは批判的に受け止めている。学習会で語られる人々の思いは、「なにかお涙ちょうだい的な」ストーリーが多く、「悲しい話の自慢大会」のように感じる。運動団体が強調する"差別への気づき→被差別の立場の認識→差別の訴えと連帯"という流れには、たやすく乗っていけない。そもそも、現代の若者は「もう地域には生きていない」（Fさん）と認識しているからだ。

　母親ほど年齢の離れたDさんが紹介した差別発言の話題も受け止め方が違う。Dさんは電車内で、ある被差別部落を名指してマイナスイメージを語る人たちに出会った。その場で「ハッと」したというDさんの思いに対し、Fさんは「差別だと指摘するような」ものには感じられないと語った。他のメンバーも、差別とは思わないと述べる人が多い。何をもって差別というのか、それは

単なる噂話に過ぎないのではないかとさえFさんは語る。

　しかし、そのように感じる一方、サークルをたちあげたのは被差別部落の子ども・若者が寄りあいふれあう場が無くなっていることを憂えたからでもあった。気軽にわかちあえ、話し合えることで自尊感情を高めることが、現代の課題であるとFさんは説明している。

　Dさんの話題を差別と感じられないFさんは、"差別とは何か"を知るためには「一度差別されてみないとわからない」とさえ述べる。その発言は、運動団体が推し進めてきた「差別を見抜く」「差別を許さない」という強いけれども硬直的な意志からは、より自由な主体のポジションを得るものに見える。「悲しい話の自慢大会」のような感情的な重さから解放され、軽やかに事象を渡り歩く自由性を確保しているようである。立場の硬直性や絶対化を避け、相対化してとらえることにより、差別／被差別の関係性を乗り越えようとする見方が生まれようとしているのかもしれない。

## （2）存在価値

　メンバーのひとり、地元で保育士を勤める男性Gさん（1985年生）は、Dさんの話を「ちょっと差別だと思う」と受け止めていた。保育士を勤めるようになり、差別問題への意識が高くなったとGさんは言う。保護者達に自分の出身地域のことを話したら、差別的な態度や発言に出会うのではないか、"見えない差別への不安"あるいは"起こるかもしれない差別への不安"をGさんは語る。

　子ども時分に両親と他出した男性Hさん（1985年生）は、幼馴染のいるサークルへ「面白そうだから」参加をはじめた。音楽デュオグループ「ゆず」に影響を受けて、高校生の頃から路上で歌い続けている。最初は一人で歌っていたが、サークル活動をきっかけにGさんと並んで路上で歌うようになった。サークルの集いには、駅前の路上ライブが終わってから参加するという週末をくりかえしている。

　二人は、歌を求められて解放運動やイベントに参加を要請されることも多い。できるだけ協力してきたが、Hさんは子どもの頃に転出しているので、正直に言って地元の話題には詳しくはない。おそらくサークルのなかでも一番わ

かっていない方だと思う。人権の学習会の場でライブを依頼されると、歌の合間に人権に関する思いを話してはきた。ただ、それはもうやめておきたいと最近は思い始めている。どちらかと言えば、歌があるからその場にいるのであって、歌を聴いてもらうことで伝わるものがあればいいという思いが強い。Gさんも、この気持ちは同じである。学習会で一言話すよりも、歌を聴くことで二人の「存在価値」をわかってほしいと思う。しかしながら、Hさんは同棲していた彼女にサークルのことを説明できない自分がいることも吐露している。

　FさんやGさん、Hさんの語りには、その人個人の「存在価値」をそのまま認めてほしい、という感覚が溢れているように思う。差別／被差別の関係性や、その地点から語りはじめる自己にはふれずに、あるがままの私の存在価値を語っているようである。

　ところが、その背景にある私は、見えない差別について恐れを抱く可能性もあることは既に見たとおりである。「一度差別されてみなければわからない」状態は、差別という問題を語るには、私のこととしていったんその身に引き受けるプロセスを必要とすることでもある。あらためて被差別者としての自己をみつけ、それを引き受けることで差別する社会に対峙する主体が生まれる－被差別のアイデンティティへの再構築作業が語られている。

　何が差別なのか、それは噂話ではないのかという立場は、相対化によって差別問題を客観化し、差別／被差別の地平から語ること自体を乗り越えていく試みである。その背景には、差別問題に規定されない、あるがままの私の存在価値から語りはじめようとする志向がある。と同時に、一方でそれは、差別問題を引き受けるだけの主体の力が非常に心もとない状態を語っているようにも見える。

### （3）　差別＝社会のリアリティ

　地域性を課題としてきた部落差別の問題は、地域性の希薄化によって差別の境界や印が不明瞭になってきた。それは同時に差別する社会への抵抗の土壌でもある共同性も霧散化させてしまうことになった。地域性とその連帯は、差別する社会と向き合う主体を生成する媒体でもあった。

　明治・大正生まれの戦前の人々の語りでは、部落外での職業体験を通じて部

落差別を行う社会との出会いの経験を確認できた。部落外での体験は、村を離れた私自身を差別されるひとつの存在として、いやおうなく感じさせる。ただしこの経験は、経済成長による人や地域の流動化を通して、益々経験されやすくなる出来事でもある。戦前の語りのなかには、もどることのできる共同体もまた存在していた。小学校時代に経験した隣村の子どもたちとの喧嘩があったように、村落間の共同性と排除性を肌で感じながら、成長後の部落外との出会いがあった。

戦後から経済成長期の被差別経験の語りでは、村と自己との関係性や距離感が問題とされる内容が増える。社会の平等や対等が常識として前提されながら、自己の基盤となる地域との同一視の困難と克服が語られはじめる。差別への感受性や自己を差別の構造としてとらえる語りが増え、部落から社会に対する差別問題の発信も意識されはじめていく。

地域の流動化が進み、境界の不明瞭さが常態化すると、差別／被差別にとらわれない自己の語りが試みられ、「自尊感情」のよりどころの希求もはじまっていく。そのなかで、差別されてみなければわからないと語る現代では、先代たちのような地域の共同性というクッションを介さないで差別する社会性を引き受ける可能性が課題となってくる。媒介者が不安定なまま社会と向き合い主体を確立することは、非常に苛酷な状況でもある。新たにたちあげられた（地域をこえつつある）活動とつながりは、差別問題とは「別のもの」と本人たちに表現されながら、自己のよりどころの希求や社会に対峙する主体の媒介者の役割にこたえるものとして期待される。

また、共同体のような媒介者が希薄になる一方で、流動化しつつ情報が流通する社会では、差別問題の別の側面も注目されなければならない。湖北の被差別部落の男性 I さん（1989年生）は、社会や大人たちに反発する時期もあったが、地域でのふれあいを通じて部落差別の課題に関心をもつようになっていったという。そんな I さんは地元の子ども会を手伝うなかで、あるショッキングな出来事に出会ったと語る。

（子どもたちに）なんの（人権）学習も入ってないいうんか、（学習）してへんから、部落の子が部落を差別する。たとえば、「どこどこはこわいでなー、人間汚いから

第1部　変化する社会を生きる

な―、あそこ部落やし」

　部落出身の子どもが、差別する社会に流通する一面的な・硬直したマイナスイメージによって部落を語る。逆説的な冗談などではなく、自分自身の出自や部落が何者かはわからずに言葉の濫用がそのままに置かれている。
　差別する側もされる側も地続きの社会を生きている。被差別部落の問題は、境界の不明瞭化によって、より記号化されたリアリティの氾濫という問題として立ち現れはじめているのではないだろうか。私たちは常に、私たちの外部を探し出し、ときに貶めや侮辱やからかいを交えながら、なんらかの排除活動を行いつつ社会を生きている。被差別部落のリアリティは、人々の語る具体的な人の暮らしと、記号化する言葉の狭間をゆれ動いている。


【注】
1)　本章の内容は、以下の調査プロジェクトの成果による。
　a)　滋賀県米原町『同和問題啓発資料等調査研究協議会聞き取り調査』(1991年～1994年)。(研究代表：桜井厚、調査研究員：持田良和・中川ユリ子・山本哲司)
　b)　『同和問題意識調査』(研究代表：角知行、最終報告執筆者：角知行・岸衛・田中政明・山田孝子・山本哲司)
　c)　『部落生活文化史調査研究事業』(1994年～2008年)(研究代表：岸衛・桜井厚、最終報告執筆者：桜井厚・岸衛・田中政明・三浦耕吉郎・山本哲司)
　　b.c.は、2011年に発展的解消された社団法人反差別国際連帯解放研究所しがによる滋賀県教育委員会ならびに野洲町からの委託調査である。
　　なお、本章に登場する語り手の性別・生年については本文中に明記した。その他の聞き取り詳細は登場順に以下の通りである。
　Aさん (1993年11月米原市　聞き手：桜井・山本)、Bさん (1991年7月米原市　聞き手：桜井・持田・中川・山本)、Cさん (2001年12月栗東町　聞き手：三浦・岸政彦・山本)、Dさん (1995年8月草津市　聞き手：桜井・岸・田中・山本)、Eさん (2002年8月野洲市　聞き手：岸・山本)、Fさん (2002年8月近江八幡市　聞き手：桜井・岸・田中・三浦・山本)、G・Hさん (2007年11月近江八幡市　聞き手：岸・山本)、D・F・Hさん (2008年8月草津市　聞き手：桜井・岸・田中・三浦・山本)、Iさん (2006年11月彦根市　聞き手：桜井・岸・三浦)。
2)　内面の自己の語りは、戦後の差別問題への取り組みにおいて重要な意味を持ってきた。第一に、CさんやDさんの語るように社会をとらえ対峙する自己の確立の問題があった。"差別を見抜き"、抗い、自律を志向する主体性の確立である。
　　第二に、"子どもたちの内面への影響"という親たちの不安が大きな課題となっていた。経済成長の下、社会はますます子どもたちに関心を集めていくようになっていた。

被差別部落でも、子どもたちが差別に出会ったときのように感じてどのように受け止めるのか。その不安に対処するどころか、差別とは何なのかも話す術すらもたない親たちはもどかしさを抱え続けてきた。やがてCさんの嫁ぎ先では、消極的な「居眠っとった」町に母親の力を結集させ運動を飛躍させることになる。

**【参考文献】**
岸衛・桜井厚（2012）『差別の境界をゆく──生活世界のエスノグラフィ』せりか書房。
山本哲司（2008）「ライフヒストリーインタビューにおける被差別経験の語りの様式と排除の構造」『龍谷大学社会学部紀要』32号。

# 第2章

## 生駒山地における修験道とクリスタル・ヒーリングの習合
—— 都市近郊山間地域における信仰活動の伝統の発明

岡尾　将秀

## 1　はじめに

　大阪府と奈良県、京都府の県境を南北にまたがる生駒山地には、中小様々な寺社が多数集まっている。これは生駒山地が、豊かな山林や河川に交通や居住が阻まれる山間地域であるにもかかわらず、大阪をはじめとする畿内の複数の都市やその郊外から、日帰りで往復できるほど高くも深くもないからと考えられる。それらの都市やその郊外に住む人々は、いまだ自然が文明に優越する生駒山地を聖域とみなし、普段の慌ただしい生活から免れて参拝するものの、神仏や諸霊とのつかの間の交流が終わると、間もなく通常の生活に戻ることができる。

　生駒山地における信仰活動は、深山幽谷におけるそれに比べると変わりやすい。都市とその近郊の多数の住民の生活は時とともに便利になるものの、住民の悩み苦しみは境遇によって様々で、移ろいやすいからである。明治時代から太平洋戦争にかけては、比較的有名な社寺付近や渓流沿いに群がる多数の「民間祠堂」において、どこかの宗派に所属するものの高位にはない教師が、現世利益を求める庶民のために、檀家寺では実践されないような呪術も実践していた（栗山 1938）。太平洋戦争前後から高度経済成長時代にかけては、朝鮮半島から移住してきた「在日韓国朝鮮人」が、朝鮮半島の仏教行事だけでなく降霊儀礼にも参加するという「朝鮮寺」が増加した（岡崎 1967；宗教社会学の会編 1985：236-296）。そして高度経済成長が終了して以降は、「体系化された教義や組織としての宗教」よりも個人の感性で捉えられる「スピリチュアリティ」（霊性）を探求する「スピリチュアリティ文化」に含まれる占いや滝行、ヨーガなどの人気が高まっているという（宗教社会学の会編 2012：215-

230、234-241)。

　ところが生駒山地の寺社における信仰活動は、基本的には伝統的な信仰活動に倣っておこなわれている。山腹にある多くの寺院においては、日本古来の山岳信仰と中国経由で流入した大乗仏教が習合した修験道や密教の修行や儀礼、たとえば滝行や護摩などが実施されている。山麓にあるほとんどの神社では、周囲の地域に住む老若男女も普段から参拝し、他地域の神社でも見られるような従来の年中行事、たとえば初詣や秋祭りなどがおこなわれている。

　生駒山地において伝統的な信仰活動に従事する寺社のほうが多いのは、都市を中心とする生活の変化にさらされた参拝者や信者でも、たいていは新奇な信仰活動よりも伝統的な信仰活動を要求しているからと思われる。研究者が新しくて珍しい信仰活動と捉えた呪術や降霊儀礼も、それらを実践する当事者にとっては古くてなじみがある信仰活動であったといえる。そこで本稿では、生駒山地にある寺社の伝統的な信仰活動が、都市とその近郊の住民の生活の変化に応じて変更されながらも、どのように再現されてきたのかを明らかにしたい。

　都市近郊山間地域の宗教施設の伝統的な信仰活動が変更されつつも再現されてきた事例として、太平洋戦争後の生駒山地の大阪側斜面の渓流沿いにおいて基本的には修験道に従事してきたA寺院における信仰活動について考察する。A寺院は現在の生駒山地にある120以上ある寺社のうちの一寺院に過ぎない上、檀家はほとんどなく、月行事に参加する信者や参拝者の数も平均20名ほどの小さな祈祷寺である。にもかかわらずA寺院の信仰活動の変更と再現についてのみ考察するのは、代々の住職が、信者の世代交代や属性の変化に応じて、海外の信仰活動を取り込みながら、修験道の伝統的な信仰活動を継承してきた稀少な事例だからである。

## 2　朝鮮半島由来の信仰活動への取り組み

　A寺院は、創立60周年記念の法要で配布された資料によると、昭和22（1947）年に設立された当初から、現在の金峯山修験本宗（当時は天台宗に所属）の本山である金峯山寺の末寺であった。1960年代に在阪韓国朝鮮人について調

査した岡崎精郎も、A寺院の初代住職が、A寺院を設立する以前の昭和18(1943)年に「金峯山寺から徒弟の許可をえて」(岡崎 1967：486)いたことを指摘した。したがってA寺院では設立当初から、近代以前の日本の山間地域では一般的であった修験道や密教の伝統的な修行や儀礼が実施されていたはずである。

　ところが岡崎は、A寺院を「朝鮮寺」というカテゴリーで捉えた。この理由として、初代住職をはじめ当時のほとんどの信者が在日韓国朝鮮人であったことが考えられる。現在のA寺院の本堂にも、当時の在日韓国朝鮮人の信者の氏名が刻まれた10数個の金色の灯籠が天井に掛けられている。また岡崎が「朝鮮固有の民間信仰」と捉えた「山神および竜王の信仰」(岡崎 1967：481)が、A寺院でおこなわれていたことも明らかである。現代のA寺院の本堂の右脇にも、朝鮮寺で一般的に見られる海神と山神を描いた古い掛軸が掛けられているからである。

　さらにA寺院でも、他の朝鮮寺においてと同様、朝鮮民族のシャーマニズムの一種とされる「クッ」が実施されていた可能性がある。クッ(賽神)は、「巫覡(フゲキ)」などと呼ばれる霊能者が顧客の依頼に応えて、病気や災厄を引き起こしていると想定される祖霊を招き、それらの解消を祈祷する降霊儀礼である(宗教社会学の会 1985：239-240、245)。一般に韓国の仏教では、僧侶自身がクッを実施することは戒められているという(宗教社会学の会 1985：248-249)。しかし日本の朝鮮寺では、男性の僧侶でもクッを実施する巫覡に協力したり、女性住職の多くが「ポサル(菩薩)」と呼ばれ、「高野山(真言宗)や大峰山(天台宗)などで修行し宗儀の免状ももらって」、「仏教の経典に通じた巫女」とみなされていた(宗教社会学の会 1985：247)。しかもA寺院の初代住職の銅像が、昭和28(1953)年に境内の地蔵菩薩像に並んで建てられ、現在でも行事の際には地蔵菩薩像と同様に供物が供えられている。したがってA寺院の初代住職は、かつて朝鮮寺のポサルとしてクッを実施していたがゆえに、日本の大乗仏教の菩薩(ぼさつ)としても崇敬されるようになったとも推察できる。

　ところが現在のA寺院において、初代住職自身がクッを実施していたという伝承はまったく語り継がれていない。たしかに1985年に出版された『生駒の神々』には、二代住職の時代に、「日本系の仏教行事の外、朝鮮寺系の年中行

事」はおこなわれていたが、クッは「必要に応じてよその巫者などに依頼」されていたと記述されている（宗教社会学の会 1985：280）。この記述のような事態は、二代住職が男性であり、とくに韓国仏教で男僧はクッを実施すべきではないとみなされていることを考慮すると、十分にありえるといえる。しかし三代住職によると、二代住職はクッの実施には明確に反対しており、「必要に応じてよその巫女などに依頼」することもありえないという[4]。また二代住職は初代住職の弟子の女性の息子であるが、当時民間の会社経営に従事しており、初代住職に直接依頼されたから住職に就任したという。初代住職が弟子の女性ではなく、その息子に住職就任を依頼した事実から、初代住職もA寺院の住職がクッを実施すべきとは考えていなかったといえる。

　三代住職が、自らクッを実施しないだけでなく、他の霊能者に実施させることもないことはいうまでもない。三代住職は、二代住職よりも若い頃から積極的に修験道の修行や儀礼に取り組み、金峯山修験本宗の宗会議の議長という役職についている。彼は、クッによって動物の霊を下したところで、信者の成長につながらないという修験道の指導者らしい意見をもっている（岡尾 2015：52）。さらに高度経済成長が終了して以降、来日するニューカマーの在日韓国朝鮮人が減少している（谷 2013：39）ことも、三代住職がクッの実施を禁じる理由として指摘できる。少なくともA寺院のオールドカマーの在日韓国朝鮮人の信者たちは、世代交代を経るたびに住職に倣って日本の修験道になじんでいき、クッの実施を求めなくなる傾向が強いからである。つまりA寺院においては、朝鮮民族のシャーマニズムであるクッは、在日韓国朝鮮人の信者の世代交代のたびに、修験道の修行に相容れないとみなされ、実践されなくなっていったといえる。

　しかしオールドカマーの在日韓国朝鮮人の信者たちが、教育や世代交代の結果、岡崎が指摘したように朝鮮式の祭礼全般に関心をもたなくなっていく[5]とまではいえない。A寺院では、既述のように、朝鮮半島で祀られる海神と山神が描かれた掛軸が本堂の右脇に掲げられている。また寺院の月例行事である「護摩供・先祖供養」が開催される時には、本堂や境内に祀られた多種多様の仏像すべてに、朝鮮料理であるナムルが必ず供えられ、終了後の直会で参拝者によって食べられている。つまりA寺院においては、朝鮮半島由来の祭礼や習俗

は、日本の大乗仏教や修験道の修行に抵触しないかぎりで、在日韓国朝鮮人の住職と信者によって実践され始め、彼らの子孫だけでなく日本人の信者によっても継承されているといえる。

## 3　クリスタル・ヒーリングの導入

　A寺院の三代住職は、朝鮮半島由来のシャーマニズムであるクッを全く実施させなかったが、アメリカ先住民によって継承されてきたクリスタル・ヒーリングを1990年代後半から実践するようになった。クリスタル・ヒーリングは日本では一般に、水晶をはじめとする鉱石にそれぞれの種類に特有の力があるとみなし、それらの力の効果を享受するために、それらを身につけるという簡単な思想と方法で受容されていると思われる。これに比べて三代住職は、やや本格的な思想と方法で受容したといえる。1997年頃のハワイ滞在中にアメリカ先住民の一つであるナバホ族の「メディスンマン（癒し人）」と称する人物に出会い、彼から直接学んだという。その人物が妻とともに著した文書[6]では、24個の水晶と6種類の石を必ず対に円形になるように並べて「メディスン・ホイール」と呼ばれる輪を「組み立てる[7]」ことによって、人と地球と宇宙のエネルギーを結びつけ、整えようとする技法が紹介されている。

　A寺院の住職がクリスタル・ヒーリングを実践するようになったのは、その目的を修験道のそれと同一視したからといえる。クリスタル・ヒーリングが人間と地球と宇宙のエネルギーを調和させるように、修験道は人間の心身の活動を自然の働きに同化させようとするからである。しかし厳密には、クリスタル・ヒーリングの技法は、修験道の修行や護摩などの儀礼と、形式はもちろん思想も異なっていると思われる。たとえばクリスタル・ヒーリングでは、組み立てられたメディスン・ホイールの東西南北の方角が「スピリット・キーパー」と呼ばれる「精霊」によってあらかじめ守護されると想定している（サン・ベア＆ワブン　1991：186-187）。それに対して、修験道の修行や護摩では、修行者たちが自然から修得した験力で不動明王などの精霊を呼び込み、信者や参拝者たちを魔と呼ばれる悪霊から守ろうとしていると考えられる。

　このように修験道の技法と区別できるクリスタル・ヒーリングの技法は、A

寺院で「修養会」と呼ばれる行事において、会場や参加者の人数に合わせて様々な方法で実践される。修養会は、A寺院の公式行事とは別に、A寺院の本堂に限らず、他の空き部屋や信者の自宅、ビルの一室などで不定期に開催される非公式の行事である。三代住職に主導されながらも、参加者全員がクリスタル・ヒーリング以外にも滝行や「曼荼羅塗り絵」など各自の精神や霊性を改善しうるとみなされる技法に実験的に取り組むためのワークショップといえる。たとえば「さまざまな水晶で形づくられたストーンサークル「medicine wheel」を囲み、真言を唱え瞑想をする」(宗教社会学の会編 2012：142)こともある。また左手に鉱石をもって輪になり、右手は隣りの人の左手の中にある鉱石にかざし、真言を唱えるだけのこともある（2016年10月2日の修養会）。しかしいずれも、アメリカ先住民によって継承されてきたメディスン・ホイールを作っているという点では、修験道や密教の技法よりもクリスタル・ヒーリングの技法のほうを重視しているといえる。

　これに対して、A寺院の毎月の公式行事である護摩供と呼ばれる儀礼では、三代住職がクリスタル・ヒーリングの技法を、あくまでも護摩供の一環として実践する。護摩供の前半は、三代住職が「導師」として、通常の護摩供とまったく同様に、「散杖」という棒状の法具を使って「洒水」しながら、すなわち清めの水を撒きながら、護摩木を焚く。しかし護摩供の後半は、三代住職が、ハワイで会ったメディスンマンとは別のメディスンマンに水晶やダイヤモンド、隕石などの鉱石を埋め込んでもらった特製の散杖を使って、参拝者一人一人のエネルギーを調整していく。すなわち護摩壇に向かって座している三代住職の左横に、参拝者が事前に「六根清浄」と書いておいた護摩木を手に持って並び、一人ずつ彼らの護摩木の上を三代住職に散杖で洒水してもらい、その散杖の先を頭部と胸部、腹部に押し当てられたり、上下に波打つように空を切られる。そしてその後、参拝者自身で、護摩壇の左横から護摩木を炎にくべた後、護摩壇の左端に置かれて熱くなった拳ほどの大きさの水晶の塊を握ることになっている。

　このようにA寺院の護摩供の一環として実践されるようになったクリスタル・ヒーリングの技法が、護摩供の様式に合わせて、アメリカ先住民のメディスンマンから教えられたものから大きく変更されていることは明らかである。

水晶をはじめとする小さな鉱石は護摩供の道具である散杖にあらかじめ埋め込まれ、水晶の塊は護摩壇の端に置かれ、いずれもメディスン・ホイールを組み立てるためには使われていない。またA寺院の信者たちは、護摩供の後半に実施されるクリスタル・ヒーリングの技法をクリスタル・ヒーリングとは呼ばずに「お加地(かじ)」と呼んでいる。しかしその加持が、従来の通常の護摩供では実施されなかったクリスタル・ヒーリングであることも否定できない。三代住職が小さな鉱石が埋め込まれた特製の散杖で参拝者一人一人が手にもった護摩木を清め、その護摩木を参拝者一人一人が自分で炎にくべ、その炎に暖められた水晶の塊を握る一連の所作は、三代住職自身によって各参拝者のエネルギー・バランスを調整するためと説明されている。

## 4　信者の属性と関係の変化

　A寺院の境内で朝鮮半島由来のクッが完全に実施されなくなり、クリスタル・ヒーリングの技法の一部が修験道の儀礼の一環として実施されるようになると、信者や参拝者の属性と関係も変化する。初代住職と二代住職の時代には、朝鮮寺に分類された他の寺院と同様、在日韓国朝鮮人で出身地域や日本での在住地域も共通することが多い信者や参拝者が、主に家族や親戚とともに通ったと考えられる。太平洋戦争中から高度経済成長時代に多数移住してきた在日韓国朝鮮人は、ニューカマーとして日本人よりも近隣の同郷者や家族、親戚と伝統的な信仰活動を共有しやすかったと考えられるからである。現在のA寺院にも、初代・二代住職の時代に通っていた在日韓国朝鮮人の信者の子孫の一部は、祖父母や親の参拝を継承して通い続けていると思われる。しかし筆者が見るかぎり、在日韓国朝鮮人の子孫のうち、毎月通い続けている信者は多くて5、6名で、彼らの家族や親戚は年に一度だけ開催されるような大きな行事にだけ参拝に来ている。三代住職の家族や親戚も、正月や花祭り、星祭りなどのいずれかに大抵は家族で参拝に来る。現在のA寺院においては、三代住職になってから通い始めた日本人の信者が毎月平均20名前後の参拝者のほとんどを占める。彼らの多くが、三代住職自身か、彼に誘われた日本人に誘われて通い始め、続けている。

## 第2章 生駒山地における修験道とクリスタル・ヒーリングの習合

　日本人の信者のなかには、クリスタル・ヒーリングへの関心から通い始めた女性が少なくない。その一人で神戸市から通っている女性X氏[11]は1990年代に、自然素材の化粧品の販売をしていた信者から、クリスタル・ヒーリングをやっているお坊さんがいると紹介され、A寺院の月行事に通い始めたという。X氏の学生時代からの友人の女性は、X氏の自宅で開催された修養会に招かれた後、A寺院に通い始め、その後もクリスタル・ヒーリングについては個人的に住職の助言を受けながら、自分でもやっているという。彼女たちは、スピリチュアリティ文化の一つとしての一般的なクリスタル・ヒーリングへの関心から、A寺院の住職がアメリカ先住民から学んだような本格的なクリスタル・ヒーリングにも興味をもって、A寺院に通い始めたといえる。

　それに比べて男性で、クリスタル・ヒーリングへの関心からA寺院に通い始めた信者はほとんどいない。その代わり、滝行への関心からA寺院に通い始めたという男性は少なくない。毎月の護摩供・先祖供養の前に実践される滝行に参加する男性の数は、たいていは女性の数を上回っている。X氏の父Y氏[12]はとくに滝行への関心から通い始めたとまではいえないが、滝行にも関心があり、参拝したときはほとんど参加していた。神戸市の居酒屋でY氏から滝行に誘われてA寺院に通い始めたZ氏[13]は、母の影響で観音巡礼や福岡県篠栗町（ささぐりまち）の八十八箇所巡礼など、ある地域を中心に広まった庶民的な信仰活動に参加し始める一方で、個人的にはテレビなどで紹介される滝行にもあこがれていたという。

　しかしA寺院の信者は、クリスタル・ヒーリングにせよ滝行にせよ、A寺院の信仰活動を構成するいずれかの要素への関心からのみならず、三代住職の人間性に惹かれたから、参拝を始め、続けたと主張することが多い。三代住職の人間性の一面として、僧侶や修行者としての人格以前に、初対面の人とでも関心があれば気さくに話す社交的な人柄が考えられる。Y氏は、三代住職が娘のX氏の依頼で自宅のお祓いをしてくれた後、飲み比べをしてくれたことに惚れ込んで、A寺院に通い始めたという。Z氏も初めのうちは、A寺院の毎月の護摩供・先祖供養の終了後に開催される直会（なおらい）で三代住職が一緒にお酒まで飲んでくれることに魅力を感じて、通い続けたという。X氏は、三代住職が僧侶の経験だけでなく、会社経営の経験もあり、現実味のある話をすることから、住職としての話も聞く気になったという。とはいえ三代住職の社交的な人柄に惹か

れるだけなら、A寺院の公式行事には参加せずに、修養会や居酒屋で三代住職に接し続ければよいことになる。事実そのようなインフォーマルな会合にのみ定額の参加費を支払って参加し続けている小さなグループもある。

インフォーマルな会合にとどまらず、A寺院の公式行事にも参加し続けている信者たちは、三代住職の僧侶や修行者としての人格にも敬意を覚え、彼の修験道に関する指導にも従っている。彼らは通常、三代住職のことを先生と呼び、三代住職は彼らのことを他人に話すとき、弟子と呼ぶ。このような師弟関係が成立するのは、三代住職による信者たちへの指導が個別におこなわれるからと考えられる。すなわちA寺院で定められた祈祷や修行にただ形式的に参加するのではなく、各自が仕事や生活で直面している問題を解決するために、どのような思いでどの程度、祈祷や修行を実践すればよいかを自覚するように指導されるのである。長期的な参与観察をするためにA寺院に通い続けようとした筆者でさえ、三代住職にとっては参拝者の一人であり、筆者の生計が安定していないことが大きな問題なので、その問題を解決するために、毎月必ず早めに参拝に来て、護摩供の準備を手伝い、滝行に参加するようにという指導を受けた。もちろんこの指導は強制ではなく、もし筆者が参加を続けるならばという前提であり、筆者の目標を達成するためにも必要であったため、筆者はこの指導に従った。

A寺院の各信者がどのような問題に直面しているかは、プライバシーに関わるためA寺院内でも公言されにくく、本人も明確には自覚していないことも多い。X氏もY氏もZ氏もインタビューでは、プライベートな問題を解決するためにA寺院に通っているとは説明しなかった。それでもX氏は霊感を時々コントロールできなくなること、Y氏は自身の高齢ゆえのやむをえない病気、Z氏は酒の飲み過ぎや定年後の離婚、といった通常の努力では解決が難しい問題を抱えている事実を明かしてくれた。もちろんインタビューしていない信者のなかには、大きな病気や失業、子どもの非行といった問題を解決するためにA寺院に通い続け、どちらかといえば修行よりも祈祷に励んでいると思われる人もいる。しかし現在のA寺院には、このように解決が難しい問題をはっきりと自覚して祈祷に励んでいる信者だけでなく、X氏やY氏やZ氏のようにはっきりとは自覚していない信者も通い続けて、どちらかといえば祈祷よりも修行に励

むようになったことが重要な変化であろう。

　いまだ困難を自覚していない参拝者でも、A寺院に通い続けるようになるのは、まずはA寺院において定められた滝行や護摩供など修験道の修行や祈祷に参加する意味を教えられるからと考えられる。A寺院で毎月護摩供と先祖供養の後、住職が20分ほどおこなう法話では、しばしば、滝行や護摩供を実践するのは、五つの感覚器官と意識が働く場所が清らかな「六根清浄（ろっこんしょうじょう）」の状態になることによって、「聖なるもの」としての神仏とつながるためと説かれる。このような感覚や意識の改善を促す説教は、現代のスピリチュアリティ文化の主要な「主題」である「自己変容」（島薗 2012：23）にも通じ、現在のA寺院において困難を自覚していない信者でも受け入れやすいと考えられる。X氏が霊感をコントロールできなくなることは、A寺院に通い始めた当初は頻繁にあり、倒れたり、修養会では跳ね回ったりすることもあったという。しかし筆者がA寺院に通い始めた頃には、X氏のそのような行動はまれになり、あっても泣いたり、大声を出す程度で他の教師に錫杖（しゃくじょう）で撫でてもらうとすぐに治まるようになっていた。滝行への関心から通い始めたZ氏は、2、3か月もすると、寺に行って帰ってくると気分がすっきりし、もやもやした気持ちがなくなることがくせになったという。

　このように参拝を続けることによって、感覚や意識の改善を経験した信者が、三代住職の勧めに応じて、修験道や仏教を本格的に学ぶために、本山で「得度（とくど）」と呼ばれる通過儀礼を受けることは極めて自然な成り行きと思われる。しかし実際には、感覚や意識の改善を体験しないどころか、参拝を続けていなくても、三代住職から得度を勧められる参拝者も少なくない。その結果、得度を受けた信者でも、毎月の護摩供・先祖供養に出席しているのは、平均3、4人にとどまっている。

　さらに本山で得度を受けた信者たちは、修験道を他者に教える教師の資格を本山で取得することを勧められる。修験道や密教と習合した大乗仏教では、自身が悟ること以上に、困難に陥った他者を救済することが求められるからであろう。毎月の三代住職による法話では、仏教で生まれ変わりからの離脱を意味する「解脱（げだつ）」は敢えてしないで、修行の途上にある「菩薩（ぼさつ）」のまま、困難に陥っている人々を仏道に導くよう促される。このような説教に従って、教師の

資格を取得した信者たちは、護摩供と先祖供養の際、内陣に入って、護摩壇の前で護摩を焚く住職を補佐することになっており、現在毎月10名弱に上っている。

このような現在のA寺院における信者と教師の養成方法自体は、初代住職の時代からそれほど変わってはいないであろう。A寺院は創設以来、金峯山修験本宗の本山金峯山寺の末寺であり、公式には修験道の活動に従事してきたと考えられるからである。しかしA寺院における非公式の活動が、初代住職の時代から三代住職の時代へと大きく変わったために、養成される信者の属性と関係も大きく変わったといえる。初代住職と二代住職時代には、他の朝鮮寺のように、少なくとも朝鮮式の仏教行事が実施されたために、在日韓国朝鮮人が地域や親族のつながりで参拝し、その人数も現在より多かったと考えられる。三代住職になってからは、クリスタル・ヒーリングが実施されるようになったために、滝行も含めたスピリチュアリティ文化に関心がある日本人も、飲食や趣味をともにする住職自身や信者から誘われて、A寺院に通い始め、住職による修験道の指導に従って通い続けるようになったといえる。

## 5　おわりに

以上より第一に、生駒山麓にあるA寺院における信仰活動とそれに参加する参拝者や信者の属性や関係は、住職の世代交代とともに大きく変化してきたことが明らかになった。公式の信仰活動は初代から修験道や密教の祈祷や修行で一貫しているが、非公式の信仰活動は、朝鮮半島由来の仏教行事やシャーマニズムからアメリカ先住民のクリスタル・ヒーリングへと変更された。そしてこれらの信仰活動に参加する参拝者や信者は、親族とともに通う在日韓国朝鮮出身者がほとんどであったが、現在では知人や友人を連れてくる日本人が増えている。

このようなA寺院における大きな変化は、日本の経済状況が、高度経済成長の下、多数の在日韓国朝鮮人労働者が移住してきた状況から、バブル経済後の不景気で、余暇の消費が増えつつ、雇用は不安定になっている状況へと変化したことに対応したものと考えられる。在日韓国朝鮮人の信者たちは、ニューカ

マーとして、貧困や病気、日本人との関係に悩み、それらの悩みの解消を神仏に祈願するためにA寺院に参拝したと推察される。それに比べて近年の日本人の信者たちは、仕事のストレスや家族関係の悪化にあまり自覚しないながらも悩み苦しみ、クリスタル・ヒーリングの技法や修験道の修行による精神状態の改善を経験し、修行を継続するために通っていると考えられる。

　第二にA寺院においては、上記のように非公式の信仰活動と信者の属性と関係が大きく変更されるにとどまらず、公式の信仰活動もわずかに変更されたことが明らかになった。すなわちクリスタル・ヒーリングの技法が護摩供の儀礼の一環として実践されるようになったことを指摘した。このような公式の信仰活動の小さな変化は、一般には指摘されにくい。なぜなら伝統の部分的で表面的な変更にとどまり、全体的で根本的な変革には及んでいないと判断できるからである。しかし本稿では、このような僅かながらも着実な伝統の変更がなされたがゆえに、二代住職の時代まで主に在日韓国朝鮮人によって担われていた信仰活動が、三代住職の時代になって主に日本人によって担われるようになったことを明らかにした。すなわちクリスタル・ヒーリングに関心をもつ日本人の女性たちのみならず、滝行など日本の修験道の伝統に関心をもつ日本人の男性たちもA寺院に通い始め、その信仰活動を修験道や密教の伝統として継承しようとしていることを指摘した。

　このようなA寺院における修験道や密教の伝統の僅かな変更は、近年しばしば議論される「伝統の発明」（ホブズボウム＆レンジャー 1991：宗教社会学の会編 2012：244-245）の一種と考えられる。A寺院の護摩供の儀礼において、クリスタル・ヒーリングの技法が実践される部分は、従来の護摩供で見られない新たな様式に変化し、住職もクリスタル・ヒーリングの観点から説明しているにもかかわらず、信者たちから「お加持」という修験道や密教の伝統的な用語で呼ばれているからである。日本文化の伝統の発明について塩原勉が説明したように（塩原 1994：105-106）、クリスタル・ヒーリングの技法を「必要なもの」として選択し、「既存のもの」としての修験道や密教の儀礼に「折り合わせ」て実践し、それについて解釈し直している。たしかにこのような発明は、当事者である三代住職によって意図されたものではない。三代住職はしばしば「世の中に発明（されたもの）はない。発見（されたもの）しかない」（括弧内は筆者）

と述べていることから、クリスタル・ヒーリングの技法を発見して、修験道の伝統に取り込んだとしか認識していないであろう。しかし厳密には、「お加持」の一連の所作と道具は、クリスタル・ヒーリングの技法を護摩供の儀礼に取り込んだことによって発明された修験道の「新たな伝統」であり、クリスタル・ヒーリングの新しい技法とも解釈できる。

【注】
1) 島薗進は近年興隆してきた「新しいスピリチュアリティ」を「「自己変容」を主題とする文化」とまで説明している（島薗 2012：23）が、本章では、「スピリチュアリティ」（霊性）を個々人の世界や宇宙についての観方や感じ方という程度に捉えておく。
2) 本稿では、本来相容れない教義や実践方法が、折衷され、調和するように変化することと捉える。
3) 岡崎は、生駒山地の東大阪市に面する斜面の谷筋沿いに「散在」する「朝鮮寺」の「経済」を、大阪の「生野を中心とする東大阪在住の朝鮮の人々」が「支えている」ことに注目した（岡崎 1967：474-475）。
4) 三代住職によると、この記述は、自身の不在中に執筆者が取材して勝手に書いたものであり、信ぴょう性に乏しいという。
5) 若者やインテリ中高年が、クッにかぎらず星祭や祖先祭（チェサ）など朝鮮式のあらゆる祭礼に、関心をもたなくなっていることが指摘されている（岡崎 1967：488）。
6) 三代住職から一部分のコピーを入手した。
7) 他書（サン・ベア＆ワブン 1991）では、「魔術の輪」と訳され、四季や人生など世界のあらゆる物質と生命の循環を表していることが説明されている。
8) 各参加者が曼荼羅の割り当てられた一部の模様を自身の感覚で彩色し、最後に全部を合わせて全員で評価し合う。
9) 「真言を唱える」ことは、密教や修験道の修行や儀礼で必ずおこなわれ、「瞑想をする」ことも天台宗系の密教では「止観」としておこなわれている。
10) 朝鮮寺の儀礼の過程を詳述した飯田は、とくに韓国の済州島出身で大阪市生野区に在住する在日コリアンが集まる寺院の開創儀礼において、「出身地と現居住地の二重の地域性が参加者たちのネットワークの枠となっている」（飯田 2002：139）と考えた。
11) 2012年に約1時間のインタビューを実施した。
12) 2012年に約1時間のインタビューを実施した。
13) 2013年に約1時間のインタビューを実施した。
14) 三代住職の話によると、二代住職の時代の月行事には、全員が本堂に入りきれないほどの参拝者が集まったので、護摩の最中でも庫裡では食事をとることができるようにしていたという。

## 【参考文献】

飯田剛史（2002）『在日コリアンの宗教と祭り――民族と宗教の社会学』世界思想社。
岡尾将秀（2015）「都市周辺山地における民俗宗教の変容と継続」『大阪産業大学論集　人文・社会科学編』23号。
岡崎精郎（1967）「大阪と朝鮮――在阪朝鮮人と朝鮮寺の問題を中心として」宮本又次編『大阪の研究――機関研究「近代大阪の歴史的研究」報告』清文堂出版。
栗山一夫（1938）「生駒山脈に於ける民間信仰の一般情況に就て（一）、（二）」上方郷土研究会編『郷土研究　上方』86、87号、創元社。
サン・ベア＆ワブン（1991）『メディスン・ホイール――シャーマンの処方箋』小林加奈子訳、ヴォイス。
塩原勉（1994）『転換する日本社会――対抗的相補性の視角から』新曜社。
島薗進（2012）『現代宗教とスピリチュアリティ』弘文堂。
宗教社会学の会編（1985）『生駒の神々――現代都市の民俗宗教』創元社。
―――（2012）『聖地再訪　生駒の神々――変わりゆく大都市近郊の民俗宗教』創元社。
谷富夫（2013）「都市とエスニシティ――人口減少社会の入口に立って」『日本都市社会学会年報』31号、35-60頁。
ボブズボウム、エリック＆レンジャー、テレンス（1992）『創られた伝統』前川啓治・梶原景昭他訳、紀伊国屋書店。
宮本袈裟雄（1984）『里修験の研究』吉川弘文館。

# 第3章

## 土地利用からみた農村の半世紀
——滋賀県野洲市須原地区を事例として

川田　美紀

### 1　農村が経験した近代化

　日本の農業は、昭和30年代〜40年代あたりを境にして大きく変化した。それは、「農業の近代化」による変化であり、具体的には、人あるいは動物を使っての作業から、機械による作業への変化、有機肥料を使った資源循環型の農業から、化学肥料・農薬を使った効率的（省力化された）農業への転換である。

　そのような「農業の近代化」は、農地整備が前提のものであった。つまり、機械による作業を効率的におこなうためには、農地の形を整え、稲作の場合は湿田を乾田化させることが必要であった。このような農地の基盤整備事業は、個々の農業者の選択では不可能であり、一集落あるいは近接する複数の集落が土地改良区などの組織を作って、地域ぐるみで実施した。

　「農業の近代化」により、農業者は、より少ない労働で、より多い収量を得られるようになった。けれども、それによって農業者の生活がより豊かになったかと問えば、単純にそうとは言えない。

　まず、経済的な豊かさについては、米の価格が下がってしまったこと、機械などを購入・維持するための費用がかかるようになったことなどから、収入増にはなかなかつながっていない。

　さらに、生活の豊かさという面では、筆者が聞き取り調査をした、「農業の近代化」以前と現在の両方を知っている人びとは、「農業の近代化」が実現した当初は重労働から解放されて豊かになったと思ったが、今になって振り返ってみると、どちらとも言い難い、という意見が少なくない。

　本章では、滋賀県野洲市須原地区を事例に「農業の近代化」以前と以後における農業を通じた土地と人びととの関わりを記述することを通して、「農業の

近代化」は農村社会に何をもたらしたのか、検討してみたい。

本章の事例地が位置する滋賀県は、日本最大の湖面積である琵琶湖を有する農業が盛んな地域である。湖の近くには、水田が多くあって、水路を通じて湖とつながっている。したがってさまざまな環境政策は湖と関わっており、農業政策は県政において重要な位置づけにある。その一方で、多数の製造業の工場も立地している。京都や大阪も通勤圏内であることから、平日は会社勤め、土日は農業、会社を定年退職したら本格的に農業をするというケースもしばしば聞かれる。

事例地として取り上げる滋賀県野洲市須原地区も、琵琶湖に面した農村集落の1つである。戦後、護岸工事などによって水田をはじめとした集落の水辺空間は劇的に変化した。須原地区の人口は360人、世帯数80で、かつてはほとんどの世帯が農業に従事していたが、現在も農業を続けているのは30世帯に満たない。「農業の近代化」の契機となる基盤整備事業が地区内の耕作地や水路を対象に実施された後に、大きく農家世帯が減少した。農業を通じた土地と人びととの関わりのあり方も大きく変化したと想定される。

農村の社会変動については、今野裕昭による栃木県芳賀郡益子町の葉たばこ生産地帯の事例研究がある。今野が取り上げている事例地では、機械化や化学化などの農業の近代化によって耕作する作物の種類や量、それぞれの種類の生産割合が変化したり、近隣に工場ができたことによって農業の兼業化や農業の後継者不足などが農村社会に生じた。また、非農家が増えたことによって村落組織の再編がなされた（今野 2012）。非農家世帯が増えるということは、単に農村社会の構成員の職業変化を意味するのではなく、地域社会の運営方法を変える必要性をも生じさせるのである。

近代化の中身を農業に限定せずにみてみると、環境と人との関わりの変化についてはかなりの研究蓄積がある。環境社会学や環境民俗学の領域では、環境問題の発生は、近代化によって環境と人との関わりのあり方が変化したことと密接に関連していることが、生活環境主義の立場からの事例研究や、コモンズ研究などで指摘されてきた（大槻 1984；菅 2001；関 2003：2005など）。

なかでも本研究のアプローチ方法として参考にしているのは、桜井厚による、社会変動下における集落の小河川と人びととの関係の変化を記述したもの

### 図表3-1 モノの意味と地域社会の変動の連関図

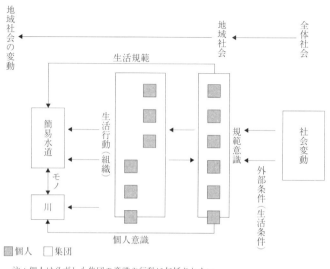

注：個人は必ずしも集団の意識や行動に包括されない。
出典：桜井（1984）

である。そのなかで桜井はモノの意味と地域社会の変動の連関図（図表3-1）を示している。それによると、全体社会の社会変動によって、地域社会には様々な外部条件がもたらされ、それによって地域の生活意識・生活行動が変化する。その表れとして地域社会の変動を捉えることができるのではないかと想定している。これまで集落を流れる小河川の水を生活用水として利用してきた地域社会が簡易水道を導入し、地域住民の小河川に対する意味づけが変化（多義的意味を持っていたものが一元化）し、川との関わり方も変化（疎遠化）させていった様子を記述している（桜井 1984）。

本章も、「農業の近代化」という全体社会（外部）から押し寄せてきた条件によって、それまで営まれてきた地域の農業のあり方、環境とりわけ土地に対する人びとの意味づけや土地と人びととの具体的な関わり方がどのように変化していったのかを記述し、農業をおもな生業としてきた農村における地域社会の変動の一側面を捉えようとするものである。ただ、桜井がこの図を作成し、

地域社会を記述した頃と比べて、現在の農村社会は次の2つの理由から、全体社会（外部）との関係が複雑になっていると考えられる。1つは、かつてと比較して、個人の生活は地域社会で完結することはほとんどなくなり、地域社会と全体社会の両方の時間を同時に経験するような状況になっていると考えられるということである。もう1つは、人びとの空間移動や情報へのアクセスがより盛んに容易におこなわれているということである。

## 2　「農業の近代化」以前の農業

　本章は滋賀県野洲市須原地区における土地（とくに農地）と人びとの関わりの変遷を記述していくが、本節ではまず、須原地区において農家世帯が大きく減少する以前、すなわち基盤整備事業を実施する前の須原地区における土地と人びととの関わりをみていくことにしよう。

　基盤整備事業を実施する前の須原地区は、水路が多数あり、水田への行き来は、田舟を使っておこなっていた。田舟による移動は、とても時間がかかるし、冬は櫓を持つ手に水が滴って、とても冷たかったそうである。収穫できた米の量は現在の半分以下であったが、刈り取った稲も田舟で自宅まで運び、自宅で脱穀していたので、とても手間がかかったという。

　田舟での移動には時間がかかるので、朝、家を出ると、夕方まで家には帰らない。小昼（コビル）と昼の2食を田んぼでとったそうである。家族総出で農作業をしていたので、小さな子どもも田んぼに連れていっていた。農作業をしている間は、小さな子どもは杭に紐で結びつけていた記憶を持つ人もいる。その人物は、子守りをする人がいなければ家に1人で放っておくわけにはいかないので、田んぼに連れてくるしかなかったのだろうと振り返る。

　このようにして家族総出で農作業をし、小さな子どもも田んぼに連れて来られていたのが、この時代の特徴であった。父、母、祖父母らが農作業をしている傍らで、小さな子どもは、その様子を見ながら育ったのである。

　須原地区には須原沼と呼ばれていた共同所有地の小さな沼（内湖）があり、水田の水位を調整したり、肥料となる藻の採取場所として須原地区の人びとによって共同利用されていた。水位調整や藻の採取場所としての利用をしなくな

ると、少しの間、鯉を養殖する池として利用した。集落の世帯は、複数の班に分かれているのだが、その班ごとに鯉を飼っていたそうである。けれども、鳥の攻撃を受けるなどしてうまくいかず、やめてしまった。その後、水田に変えて稲作をするようになった。

沼地に造られた水田は、当初は鯉を飼っていた時と同じく、班ごとに耕作をした。けれども班ごとの耕作では責任者が曖昧であったためか、なかなかうまくいかなかったそうで、細分化して各家単位に振り分けられることになり、土地所有権も各家の私有になったという。そのような経緯があって、須原沼のあった場所の水田の区画はとても小さいものとなっていた。

このような須原沼の環境史を概観すると、土地の利用用途だけでなく、土地の所有権さえも、30年ほどの間に大きく変化したことがわかる。ただ、このような変化にもかかわらず一貫していることがある。それは、須原沼のあった水辺空間が、水位調整や肥料を得るための共同利用空間としての沼、コイの養殖池、水田に至るまで、地域コミュニティの強く関与する空間であったということである。

## 3 「農業の近代化」以降の農業

須原地区で基盤整備事業が実施されたのは、昭和40年代後半から昭和50年代半ば（1973-1981年）にかけてのことである。基盤整備事業を実施することで、それまで人間や家畜を使って農作業をしていたのが、機械を使うことができるようになり、労働負担も労働に費やされる時間も格段に小さくなった。

空間利用の側面からとらえれば「農業の近代化」によって、農地は私的空間の色合いが濃くなったといえる。田植えや稲刈りなど、短期間で一気にする必要がある作業は、それまでは親戚や知り合いで協力し、「今日はAさん家の田植え」「明日はBさん家の田植え」というように共同で作業をしてきたのが、田植え機の導入により労働時間が短縮できて、自分の家の田植えだけをすればよくなった。田んぼの水も、人力やモーターを使って水路から取水していたのが、各田んぼに取り付けられたバルブをひねれば出てくるようになった。

けれども、当時、須原で農業をしていた中心的な人たちは、今後は須原の農

業者たちがより一層協力していかないと、須原の農業が危機に瀕すると考えた。そして、須原の人たちがこれからも農業を続けていくことができるように、1990年、「須原農業組合」を立ち上げたのである。なぜ、須原の農業者たちがそのような危機感を持ち、農業組合を設立したのかというと、須原地区は、世帯の大半が農地を所有しているのだが、その面積は決して大きくない。つまり、農業経営規模は小さい。農業経営規模の小さい農家は、収入の規模もさほど大きくないので、作業ごとに異なる機械を購入するとなると、経費が膨大になり、利益が出なくなる。そこで、農業組合を作って農業に必要な機械を共同購入・共同利用する体制を作ったのである。

実際、農作業に使用する機械は年々高性能になっていき、機械を購入するために必要な費用も上がっていった。そうすると、須原の農業者たちが予想していた通り、小規模農家は生産することで得られる利益よりも、機械を購入したり、維持するためのコストのほうが高くなってしまうため、経営規模を大きくするか、農業をやめる（所有する農地の農作業を委託する）か、いずれかを選択することになっていった。そして、選択を迫られた農家の多くは、農業をやめる（所有するすべての農地の農作業を委託する、あるいは所有する一部の農地の農作業を委託し、コストをあまりかけずに自家消費分程度を作る）ことを選択してきた。

そのような経緯を経て、須原農業組合の2015年度現在の会員数は27人、組合員の平均年齢は年々上昇しており68歳である。また、会員の半数近くが70歳以上となっている。

現在、須原農業組合が行っている活動は、先に述べた農業に必要な機械の共同利用管理だけでなく、機械の共同利用に付随する農作業、減反の割当や減反作物の生産、農地や農業用水のメンテナンスに関する分担金の徴収、耕作請負の仲介などがある。とくに、近年、農業者の数が急激に減っていることから、耕作請負の仲介件数が増えている。

耕作請負の仲介とは、農業者が高齢化して耕作を続けられなくなり、子や親族などに耕作を引き継ぐ者がいない場合、つまり家業としての農業の後継者が確保できない場合に、地域内で代わりに耕作する農業者を見つけるというものである。

子や親族で耕作する人が出ない場合に、その家の選択肢としては、組合に耕

作請負の仲介を依頼する以外にも、農地を売却するとか、地区外の農業法人などに依頼をするということも可能である。けれども、須原地区においては農地を売却するという選択は、買い手を見つけるのが難しいという理由から、減多に取られることはない。また、地区外の農業法人などに依頼するということも、須原地区の場合にはあまりない。それは、須原地区では地域の田んぼを地域の住民で維持管理していこうという意識が地域内で比較的共有されており、また、地域全体の年中行事や親戚間での行事などが盛んであることから、地区住民が日常的にコミュニケーションをとる機会が頻繁にあるので、引退する農業者たちが農業組合のメンバーに相談するケースが圧倒的に多いからだそうである。

## 4　「農業の近代化」が農村に与えた影響の顕在化

　須原農業組合を作った農業者たちの、小規模農業者は農業を続けていくことが困難になり離農してしまうのではないかという心配は、残念ながら現実のものになっている。須原地区の農業者は減少し、高齢化が進んでいる。それは、ここ10年くらいの間にとくに顕著になっている。

　組合員が減った原因は、高齢を理由に農業をやめる組合員が年々出ている一方で、その組合員の子は、これまで農業を手伝っておらず、親が農業をできなくなったからといって、自分がその農地の耕作をする＝組合員になることはせず、農業組合に耕作を委託するケースが増えているからである。

　このような須原地区の農業の変化は、農業以外でも地域コミュニティ運営において大きな変化をもたらしている。須原地区では、かつては自治会の副会長が農業組合長を兼ねることになっていたが、現在は自治会役員と農業組合の役員は別々に選出している。そのように変更した理由は、かつては地区の大半の世帯が農業に関わっていたので、農業も地区全体の案件として扱ってなんら不自然ではなかったのだが、現在は農業に関わっていない世帯が増えたために、「農業に関することは組合で対応する」という感覚になっているからだそうだ。また、農業者が減っている、とくに若い人で農業をしている人が極めて少ない状況になっていることから、自治会と農業組合の役員選出は、切り離して

考えなければ、自治会役員の選出も困難になってきているという。

　このように、須原地区の農業が大きく変化している一方で、農業組合による機械の共同利用や耕作請負以外に、須原地区の農業の持続性を担保しようとする取り組みがはじまっている。

　「魚のゆりかご水田」は、滋賀県による事業の１つで、2017年度は、25地域が参加している（滋賀県魚のゆりかご水田プロジェクトのウェブサイト（http://www.pref.shiga.lg.jp/g/noson/fish-cradle/5-ground/index.html, last visited, 18 August 2017））。

　この事業は、水田と水路の間の境界（高低差）を小さくし、魚が水田に遡上できるようにすることで、魚が水路や水田で産卵・孵化することができるようにするものである。

　須原地区だけでなく、湖に近い農村に共通することではあるが、基盤整備事業が実施される以前は、魚が湖と水田の間を往来し、水田は魚の成育環境を提供していた。けれども、基盤整備事業によって水路と水田の間には大きな水位の差ができ、魚の往来は困難になってしまった。そこで、基盤整備事業実施以前のように、湖と水田の間を在来の魚が行き来できるようにして、産卵や稚魚の成育に良好な環境である水路や水田を、魚のゆりかごとして復活させようというのがこの事業の趣旨である。

　しかも、この事業は、魚だけでなく、琵琶湖や人間にも複数のメリットがあると滋賀県では考えている。琵琶湖には、かつて内湖があったときには水田の濁水が湖に直接流れることはなく、内湖で沈殿されていたのだが、これと同じような機能が、魚が湖から水田に遡上できるように設置する魚道に期待できるということ、ゆりかご水田で生産した米は、生き物にも優しい安全な米として付加価値が生まれ、生産者に利益がもたらされるということ、ゆりかご水田事業に地域が取り組むことで、地域内にコミュニケーションが生まれたり、都市住民との交流が生まれたりすること、などである。

　須原地区では、農業者および自治会役員らによって構成される「須原魚のゆりかご水田協議会」を立ち上げ、魚のゆりかご水田事業に、2007年から参加している。立ち上げに関わったメンバーは、須原地区で基盤整備事業が実施される前の、水田に魚がたくさんいた頃を知っている世代の人たちで、子どもの頃

に魚つかみをした水田をもう一度復活させたいという思いがあったそうである。

2008年からは、魚のゆりかご水田のオーナー制度を導入した。3万円で魚のゆりかご水田の年間オーナーになることができ、オーナーになると田植え体験、魚の遡上を確認する魚の観察会、稲刈り体験の各イベントに参加することができ、秋には魚のゆりかご水田で収穫された60kgの米を受け取る。

年に3回、魚のゆりかご水田で実施されるイベント（田植え体験、魚の観察会、稲刈り体験）には、毎回100人前後の参加がある。参加者は、魚のゆりかご水田のオーナーだけでなく、500円の参加費を支払って体験のみ参加する一般の参加者もおり、遠方では東京や神奈川など関東圏からの参加もある。近年では、環境教育を目的とした大学の授業の一環で参加する学生も多数受け入れている。

魚のゆりかご水田事業は、須原魚のゆりかご水田協議会が取り組んでいる事業だが、注目すべきは、この協議会には先にも述べたように、農業者だけでなく、自治会役員らもメンバーに入っているということである。魚が遡上するための魚道の設置や「ゆりかご水田米」の耕作、農作業や遡上した魚を観察するイベントで中心的に動いているのはやはり農業者ではあるが、自治会役員らもイベントの準備や進行、後片付けに携わっている。事業は農業者による農業振興のためではなく、地域コミュニティによる地域活性化のためのものとして位置付けられているのである。

須原地区では魚のゆりかご水田事業に取り組みはじめて10年が経過した。須原地区の水田や地域コミュニティにはどのような変化があったのだろうか。魚道を設置した水路やその水路に隣接する水田には、琵琶湖から魚が遡上するようになった。昔、よく魚捕りをしていたという現在は非農家のある住民は、ゆりかご水田事業に取り組み始めてから、魚が遡上する時期には水田に足を運び、魚が遡上しているかどうか見に来るようになったという。

また、魚のゆりかご水田を耕作している農業者は、農作業のために水田に来て、魚がいるのを見ると楽しい気持ちになるという。水田のなかで孵化した魚が、ずいぶんと大きく育ってきたなと思ったら、翌日には鳥に食べられてしまったのかほとんど見当たらなくなっていたことがあり、その時はかわいそう

だと思ったそうだが、水田にいきものがいるというのはいいものだと話す。

　農作業が機械化されて以降、非農家の住民はもちろん、農家であっても若い人たちは水田に行く機会がほとんどなくなったそうだが、おもに30歳代から40歳代の住民が、魚のゆりかご水田のイベントに子どもを連れて参加する姿も見られるようになった。

　魚のゆりかご水田事業に取り組んで以降、須原地区の住民が水田に足を運んだり関心を持ったりする機会は、それが自発的なものである場合と何らかの義務による場合があるだろうが、確実に増えていると考えられる。そのことは、環境保全や住民相互のコミュニケーションの機会を増やすという側面から考えれば、好ましい傾向であるだろう。

　けれども、課題も抱えている。1つはイベントに参加する都市の人たちとの関わりについての課題である。地域の側からすれば、そもそもこれらのイベントは、田んぼオーナーに対する特典であり、オーナーにならずに参加費を払って参加する一般参加の人びとには魚のゆりかご水田を知ってもらって、次年度の田んぼオーナーになってもらったり、魚のゆりかご水田米を購入することで、自分たちの取り組みを評価し、環境保全に協力してもらうことが主な目的である。ところが、一般参加から田んぼオーナーになる人、イベントに参加して米を購入する人はそれほど多くない。そのような一般参加の人たちは、環境問題に多少なりとも関心はあるものの、数あるレジャーのなかの1つとして魚のゆりかご水田のイベントを楽しんでいるのかもしれない。そうであるならば、彼らは魚のゆりかご水田の取り組みの協力者にはならずに、より自分たちの志向に合ったレジャーが見つかれば、そちらを選択する可能性がある。

　もう1つの課題は、取り組みの目的と手段に関してである。最近、魚のゆりかご水田の取り組みの意義として「生物多様性の保全」という言葉がよく聞かれる。「生物多様性の保全」に貢献することは、社会的に望ましいことではあるが、地元住民にとっては地域活性化が目的であり、「生物多様性の保全」はその手段である。取り組みが社会に広く認知されるにつれ、「生物多様性の保全」という全体社会における価値の、現場での影響力が大きくなると予想されるため、目的と手段が転倒してしまわないよう、現場での舵取りが一層重要になってくるように思われる。

## 5　農村における「生活の豊かさ」

　最後に「農業の近代化」は農村に何をもたらしたのか、農村における「生活の豊かさ」とは何なのか、須原地区の事例を通して検討しよう。

　「農業の近代化」は、水辺の農村における労働内容や時間を大幅に軽減し、家族総出や共同労働、水利用の協力などの農作業における共同の必要性を低減させる結果となった。一方で、近代的な農業をおこなうために必要な費用は増大し、それに対して須原地区では農業組合を設立して共同で問題を解決しようとした。つまり、耕作をしたり、水の管理や畔の手入れをしたりといった実質的な土地と人びととの関わりはかつてよりも個人化したが、耕作をするための機械の確保や個々の家で耕作し続けられなくなった農地の保全をするための方法の水準では土地と人びととの関わりの共同性が維持されていたとみることができる。

　ただ、その共同性は、近年、自治会と農業組合が組織的に切り離される方向に変化していることから、実質的に土地と関わり続ける人びと、すなわち農業者間では強いが、離農した人びととの間では薄れつつあると推察される。

　それに対して、近年新たに取り組まれるようになった魚のゆりかご水田事業は、水田や水路を単なる生産の場ではなく地域の環境と捉え、それを保全する取り組みをおこなっているため、農業者だけでなく、非農業者も含む地域住民すべてに参加の道が開かれている。現時点では、まだ農業者が中心となっていると言わざるを得ないが、取り組み方針だけでなく、組織体制としても地域住民全体で取り組む組織編制をとっている。

　地域住民が共同で関わってきた経緯のある水辺空間を、単なる農業の生産の場としてのみ捉えるのではなく、いかに多様な機能を持った重層的空間としてとらえ返すことができるか、地域のすべての住民の共同利用空間（コモンズ）として再定位させることができるかが、農業の近代化を経た後の農村における「生活の豊かさ」の実現の鍵になるように思われる。

　その際におそらく課題となるのは、個人レベルでも地域社会レベルでも、外部との関わりをどのように切り結ぶのか、というところにあるように思われ

る。たとえば前節で論じたように、魚のゆりかご水田のイベントでは、イベントを主催する地域の側と参加者との間に目的のズレがあり、地域住民が考える目的が十分に達成されているとは言い難い状況である。また、取り組みについて地域外の人たちにも理解してもらうためには「生物多様性の保全」のような全体社会において望ましいと考えられている価値を主張することが有効と考えられるが、それは地域にとってはあくまでも地域活性化のための手段であり、全体社会の価値観に地域が翻弄されることは避けなければならない。

　冒頭でも論じたように、現代社会では個人はさまざまな方法で外部から情報を得、外部の人びとと関係を築くことが容易にできる。また、地域にはさまざまな属性を持った人びとが頻繁に出入りするようになっている。このような状況下で、地域のなかで培われてきた固有の価値観を見失うことなく、現在の地域生活に合致したコモンズのあり方を創造することは容易なことではないかもしれない。

　けれども、水辺空間と地域住民が共同で関わってきた経緯のある須原地区において、子どもの頃魚つかみをした水田を復活させようとはじまった魚のゆりかご水田の取り組みは、水田を、生きものの生息する場、子どもの遊び場、地域住民が共同で環境保全に取り組む場、地域住民と都市住民が交流する場など、多様な機能を持つ空間に変化させ、耕作者だけではなく多様な主体の関わり、主体相互の関わりを生み出しつつあるように思われる。このような空間の機能や空間をめぐる関わりの豊かさが、農村における「生活の豊かさ」の基盤になるのではないだろうか。

**【参考文献】**
大槻恵美（1984）「水界と漁撈――農民と漁民の環境利用の変遷」鳥越皓之・嘉田由紀子編『水と人の環境史――琵琶湖報告書』御茶の水書房、47-86頁。
今野裕昭（2012）「農村の地域社会変動と村落組織の再編――北関東葉たばこ耕作地帯村落の事例」『専修人間科学論集　社会学編』2巻2号、19-39頁。
桜井厚（1984）「川と水道――水と社会の変動」鳥越皓之・嘉田由紀子編『水と人の環境史――琵琶湖報告書』御茶の水書房、163-204頁。
菅豊（2001）「コモンズとしての『水辺』――手賀沼の環境誌」井上真・宮内泰介編『シリーズ環境社会学2　コモンズの社会学――森・川・海の資源共同管理を考える』新曜社、96-119頁。

第 1 部　変化する社会を生きる

関礼子（2003）「生業活動と『かかわりの自然空間』——曖昧で不安定な河川空間をめぐって」『国立歴史民俗博物館研究報告』105集、57-87頁。
―――（2005）「暮らしの中の川——阿賀野川流域千唐仁の生活文化とその変容」『国立歴史民俗博物館研究報告』123集、35-47頁。

【付　記】
　本稿は、平成23年度環境研究総合推進費「水田地帯の生物多様性再生に向けた自然資本・社会資本の評価と再生シナリオの提案に関する研究」、およびJSPS科学研究費補助金・若手研究B（課題番号：26780294）の研究成果の一部である。

# 第4章

## 継子が語るステップファミリー経験と日本の家族制度の課題[1]

菊地　真理

## 1　はじめに――日本におけるステップファミリーの増加

　現代日本の家族変動を表す動向のひとつは、離婚・再婚の増加である。

　高度経済成長期のただなかにあった1972年に、日本の年間婚姻件数は109万9,984件と史上最高値を記録した。人口千人対の婚姻率は10.4であった当時、年間離婚件数は10万件前後を推移し、離婚率は1.02であった。初婚が継続するという意味では結婚が安定していた時代である。

　高度経済成長期が終わりをむかえ、婚姻件数も婚姻率も減少に転じていく。2015年には、婚姻件数63万5,156件、婚姻率5.1へとおよそ半減した。代わりに離婚件数は22万6,215件、離婚率は1.81と増加している。そのうち親が親権を行わなければならない未成年子を含む離婚は58.4％と6割を占める。親が離婚した未成年の子の数は22万9,030人であり、1970年の8万9,687人からおよそ2.5倍である。再婚の割合も増加している。2015年の年間婚姻件数に占める再婚の割合は26.8％である。1970年代には再婚の割合が10件に1件であったのが、いまや4件に1件を超えている。結婚しないという選択とともに、初婚から離婚そして再婚という選択肢がある。いまや結婚が流動する時代を迎えている（野沢 2005）。

　未成年子のいる世帯の離婚と再婚件数の増加から予測されるのが、ステップファミリーという再婚後の家族の出現である。ステップファミリー（Stepfamily）とは、「両親の一方あるいは双方が、前の結婚での子どもを連れて再婚してできた家族」のことであり、血縁のない継親子（けいおやこ）関係が1組以上含まれる（Ganong and Coleman 2004）。ステップファミリーの増加を背景に、日本では2001年に初めて当事者支援組織SAJ（Stepfamily Association of Japan）

が設立された。今日まで当事者支援だけでなく支援者への情報提供にも力を入れ、ステップファミリーの周知拡大を担ってきた。

ステップファミリーの家族形成が難しいのは、離婚や再婚によって、世帯外にいるもうひとりの実親（別居親）との関係が曖昧になってしまうからだ（Boss 1980；1999：36-41）。離婚によって同居が解消されるだけでなく、配偶者間は婚姻関係が、親子間は一方の親の親権が法的に消滅する。親が再婚すると子どもは複数の定位家族、すなわち、同居の実親子・継親子、別居の実親子・継親子という複数の親子関係をもつことになる。子どもの視点から流動化する結婚をとらえれば、誰が自分の「親」なのか、別居親は今でも自分の「家族」なのかという疑問が生まれ、曖昧な家族の境界線をめぐって子どもも大人も混乱と葛藤に陥りやすい。しかし、従来の核家族観を前提とした現行の法制度は、ステップファミリーの家族形成を支えるよりもむしろ、彼らが経験する混乱と葛藤をより深めている。

そこで本章では、まず、ステップファミリーの家族形成を、現行の法制度がどのように規定しているのかを明らかにし、次にステップファミリーで育った継子のインタビュー調査にもとづいて、継子にとって親の離婚と再婚がどのような経験となっているのか、とくに別居親子の交流状況と子どもの適応について関連づけながら分析する。

## 2 離婚・再婚後の家族と法制度との関わり①——日本の現状

離婚後の別居親子の関係は失われやすい。これは第三者が介入しない簡便な協議離婚制度（民法763条）と、離婚後は両親のどちらか一方が子どもの親権をもつ単独親権制（民法819条1項）に由来する。

日本の離婚制度は、届出による協議離婚が認められており、年間の離婚件数のうち9割がこの協議離婚により成立している。裁判所などの第三者機関が介入せず、当事者の合意のみで離婚が成立する。そのため、親権者・監護者の指定や離婚後の子の監護に関する取り決めが確実になされるという保証はない。平成23年度全国母子世帯等調査によれば、離婚時に面会交流の取り決めをしていると回答したのは母子世帯で23.4％、父子世帯で16.3％、養育費支払いの取

り決めについては母子世帯で37.7％、父子世帯では17.5％である。

　離婚後は単独親権制により両親の一方が親権をもつ。非親権親は養育費支払いや面会交流を通じて扶養義務を果たすことになるが、同じく全国母子世帯等調査では、母子世帯で5割、父子世帯で4割が面会交流を行ったことがなく、養育費を受けたことがないのも母子世帯で6割、父子世帯で9割にのぼっている。離婚時の取り決めにも法的拘束力はなく、その確実な履行には程遠い。離婚後の親権者は8割が母親であるから、非親権親である父親は離婚後の子の監護において弱い立場に置かれ、別居親子は疎遠になるものと考えられてきた。

　しかし近年、別居親となる当事者、その多くは父親たちが、子どもとの関係の継続を求めて家庭裁判所へ家事調停を申し立てる動きが見られる。司法統計年報各年版をみると、子の監護に関わる申し立てのなかで面会交流の増加が著しく、2000年には2,406件であったのが、一貫して増加し2015年には1万2,264件と約5倍となっている。協議離婚の際に取り決めがなされていなかったり、取り決めが履行されなかったりするなど、元配偶者間での合意形成や意見の調整が難しいことも申し立て急増の背景にある。戦後の父親言説から父親像の変化を論じた多賀（2006）は、90年代に入ると稼ぎ手や子どもの社会化だけでなく、子どもに積極的に関わりをもち、世話役割を期待する「ケアラーとしての父親」言説が広まったと指摘する。そのようななかで、育児期に子育てに積極的に関わり子どもと深い愛着を形成した父親が、離婚後も交流を求めるようになったとしても不思議ではない。離婚後の別居親子の関係継続を許容する意識も広がっている。日本版総合社会調査（JGSS2006）を用いて離婚後の別居親子の接触に対する賛否意識を尋ねたところ、賛成意識は7割を超えており、男性の家事参加（家庭内のケア領域への参加）に肯定的意識をもつ人ほど別居親子の交流継続に賛成する傾向があった（菊地 2008）。

　そして2012年には改正民法が施行され、離婚後の子の監護をさだめた766条1項に、離婚時に面会交流および養育費支払いについて協議すること、その際には子の利益を最優先して考慮しなければならないと明記された。離婚届には面会交流と養育費支払いの取り決めについて確認するチェック欄が設けられ（しかし未記入でも離婚届は受理される）、養育費相談支援センターの設置、母子家庭等就業・自立支援センターでの面会交流支援事業のスタート、NPOによる

支援の拡がりなど、別居親子の関係継続を支える気運が高まりつつある。平成28年度全国ひとり親世帯等調査では、離婚時に面会交流の取り決めをしていると回答したのは、母子世帯で24.1％、父子世帯で27.3％、養育費支払いの取り決めについては母子世帯で42.9％、父子世帯で20.8％と、いずれも前述した前回調査時より増加している。

　ところが、再婚ということになると、別居親子は再び疎遠になってしまう。現行法では、継親にとって継子は「配偶者の直系卑属」であり、養子縁組をしなければ同居していても扶養義務は生じない。代わりに、継親子間の養子縁組の成立に、家庭裁判所や非親権親の許可を不要とするなど成立させるのは容易である（民法797、798条）。2000年代の面会交流に関わる判例を分析した矢野によれば、家庭裁判所は基本的に離婚後の別居親子の交流を保障すべきという姿勢をとるが、同居親（親権親）が再婚している場合には、別居親子の面会交流が再婚家庭の安定した生活を乱すことにより子どもの利益を害するとしていまだ消極的である（矢野 2010）。要するに、現行法や家庭裁判所による介入は、同居継親を「親」として法的に位置づけることで継親子関係を強化し、親権のない別居親と子どもの関係が弱まるように、再婚後の家族関係を規定する。継親が「親」を代替することによって、初婚のような核家族を再現しやすいよう方向づけているのである（菊地 2017）。

## 3　離婚・再婚後の家族と法制度との関わり②
　──他国の状況と日本との比較

　欧米先進国の離婚制度は、キリスト教義のもとで婚姻費解消の原則により有責主義をとっていたが、1960年代より各国で進められた離婚法改正により、破綻主義による離婚が認められるようになった。親子関係においては、別居・離婚後も両方の親との関わりを維持することが子どもの利益に適うという共同養育理念が広がり、離婚後の単独親権制から共同親権・共同監護制へと法制度化が各国で進められていった。オーストラリアの法学者パーキンソンは、ここ30年で起こった西欧諸国の家族法（親権法）の変化を「親子の分離不可能性」（The indissolubility of parenthood）の導入と指摘する（Parkinson 2013）。離婚法改

正により、分離不可能であった夫婦関係が分離可能となり、親子関係は分離不可能になったのである（野沢 2017）。

　離婚法改正とそれにともなう離婚後の共同養育理念が広まるなか、フランスの法社会学者テリーは、離婚観と子どもの利益の観点から、離婚後の家族について2つのモデルを提示した（Théry 1986）。ひとつは、離婚は家族を完全に崩壊させその歴史を途絶えさせるものであり、その後に再編された家族が以前の家族に代わって子どもに対する情緒的・身体的安定をもたらすと考える「代替モデル」である。単独親権制のもとで支配的な家族モデルであり、親権親だけが継続して親役割を担う。もうひとつは、離婚は以前の家族から離婚後の家族への連続的な移行であり、離婚後も以前の家族の歴史は続いていくとみる「永続モデル」である。子どもの利益は以前の家族の関係性が維持されることによってもたらされる。永続モデルは共同親権制を支持するものである。当時、家族の永続性を強調したこのモデルについて、テリーは少数意見だと断りをつけていたが、その後、彼の予想したとおりに各国の家族法改正は進んでいった（Parkinson 2013）。

　米国でも1970年代より各州民法で共同監護制が導入されていった。別居親子の交流継続や離婚後の両親による協力的な共同養育が、子どもの適応にとって重要だという養育理念にもとづき、離婚後の両親と子どもを支える社会的支援制度が整えられた（van Eden-Moorefield and Pasley 2013）。カリフォルニア州家庭裁判所では、離婚前の段階で、離婚後の子どもの養育計画作成を義務づけたり、両親間での合意形成を支援したり、面会交流の実施や第三者による仲介支援が行われている（原田 2013）。しかし再婚は、元配偶者間や別居親と同居継親のあいだで緊張や葛藤をともなう調整ごとが増えるため、共同養育や別居親子の交流の障害となる。それゆえ、離婚後には「親」として互いの役割を明確にし、それぞれの子どもとの関わり方に明確なガイドラインをつくらなくてはならないとされる（Ganong and Coleman 2004）。

　離婚法改正以降、子どもの利益の観点から家族の永続性を前提として共同親権・監護制へと変更し、共同養育理念を実現するための公的支援を整えてきた欧米とは対照的に、日本はいまだ単独親権制を維持している。民法改正以降は面会交流の促進など別居親子の関係継続を支えるような動きもみられるが、再

婚後は同居継親が代替親となり、別居親との関係は疎遠になるよう水路づけられる。現行法は、再婚後のステップファミリーでは代替モデルの採用に寄与しているといえよう（菊地 2017）。

　米国のステップファミリー研究では、別居親と同居継親との関係（実／継親子関係のアレンジ）が子どもの適応にどのような影響があるかがひとつの研究テーマになっている（White & Gilbreth 2001；King 2006 など）。キング（2006）の研究は、同居継父と別居実父のいる思春期の子ども 1,149 名のデータを対象として、親子関係のパターンを4つに分類し、継父と実父に対する親密性の評価と実／継親子関係からもたらされる影響に関する仮説検証を行っている。親子関係のパターンは、実父・継父ともに親密な関係であるため、二重の経済的・心理的資源を得られる「①累積仮説」（25％）、両方と関係を継続すると葛藤が生まれるためどちらかと親密な関係をもてれば十分とする「代替仮説」のうち、血縁のある実父（別居親）とのみ親密な関係をもつ「②血縁優位仮説」（16％）、同居している継父とのみ親密な関係をもつ「③同居優位仮説」（35％）、実父・継父ともに子どもの成長に関わらないため資源に乏しい「④喪失仮説」（24％）に分類された。子どもの問題行動や学業成績のリスクを比較してみると、それらが最も低いのは、実父と継父双方と親密な関係を築いていた子どもたちであった。2人の父親から成長発達や教育達成に利益となるような資源がもたらされるためと指摘する。

　キングの研究は、別居親が離婚後も継続して子どもに対する親役割を果たす永続モデルが、子どもの適応にプラスに影響することを示唆している。単独親権制をとり代替モデルを前提とした社会制度的文脈にある日本では、ステップファミリーの子どもたちはどのような実／継親子関係を形成しているのだろうか。親子関係のアレンジが子どもの適応やライフコースにどのような影響をもたらしているのか。ステップファミリーで育ち成人した継子を対象としたインタビュー調査から得られた質的データをもとに、検討してみたい。

## 4 若年成人継子19人に対するインタビュー調査
――本研究の対象と調査方法

　本調査の対象者は、調査会社の登録モニター（関東・関西・東海・中国地方在住者）に向けて行ったインターネット上の募集や知人の紹介によって、調査協力を得た。親の再婚（事実婚を含む）を経験し、成人前に継親と同居した経験のある20～34歳（平均25.4歳）の19人（女性17人、男性2人）である。調査は2012年10月から2013年8月にかけて、対象者が居住する地域に出かけて対面しながらの半構造化インタビュー（70～150分）を行った。①親の離婚や再婚の経緯とその受け止め方、②継親との関係とその変化、③親の離婚（死別）後に同居した親や別居した親との関係、④きょうだい関係、継きょうだい関係、⑤祖父母、継祖父母などの親族との関係、⑥学校の教師や友だちなどとの関係、⑦家族境界（「家族」の範囲）などの共通の質問項目により、自らの経験を振り返ってもらいながら聞き取った若年成人継子の生活史である。とくに別居親と同居継親それぞれの役割期待と役割行動から、実／継親子関係のアレンジ・パターンを「①代替型」「②喪失型」「③並行型」の3つに分類した。

　「①代替型」は別居親と継親が、同居親の再婚後に入れ替わったパターンであり、4ケースが該当した。各ケースに共通するのは、別居親とは乳幼児期に離死別して交流が途絶えていること、継親を再婚初期から「お父さん／お母さん」と親族名称で呼び「親」として受け入れていることなどである。

　「②喪失型」は11ケースが該当し、別居親との交流もなく、継親との関係も深まらず、双方の関係を喪失したというパターンである。別居親との交流は、離婚時から途絶えているのが4ケース、思春期・成人期に一時的に再会したのが5ケース、同居親の再婚を機に途絶えたのが1ケース、思春期に途絶えたのが1ケースである。

　「③並行型」は4ケースが該当し、別居親やその親族との何らかの交流が継続しているパターンである。離婚時から直接的な交流が継続していたのは1ケースのみであり、継親をあだ名やニックネームで呼び、親ではないが愛着があり家族とみなしていた。他の3ケースは別居親とは死別であった。しかし、

その祖父母とは交流が継続していたり、別居親の墓参りを通じて存在を確認していたりするなど、間接的・象徴的交流は継続している。

## 5　事例分析——継子からみた別居実親、同居継親それぞれとの関係性

### （1）代替型のアレンジ

　Ａさんは２歳で両親が離婚し、３歳のときに実父が再婚したことにより継母と同居したケースである。それまで「おばちゃん」と呼んでいた継母を自然と「お母さん」と受けとめるようになったと振り返る。継母は教育熱心で「完璧主義」、学業や成績に関してはとくに厳しかった。継母に甘えたという記憶はない。成長するにつれて、友人の母親との関係と比較し、継母のしつけの厳しさに疑問を感じるようになった。

　　何となく私はこう、あの、すごくこう母親と距離があって、この、友だちのところのお母さんってすごく仲良くしゃべるっていうじゃないですか。【親子が？】親子が。何か全然違うんですよ。こう……。何かこうすごく厳しいというか、冷たいというか。（Ａさん）

　Ａさんは実母の記憶はないが、興味や関心は抱いていた。しかし、そのことを実父に尋ねたりすることはなかった。実母を称賛すればＡさんが継母に懐かなくなると懸念する実父からは、実母の悪口しか聞かされたことはなかったからだ。Ａさんは同居する実父と継母に対する忠誠心から、別居実母や異父姉とは自ら疎遠になっていく。結局、幼少期に別れてから再会することなく実母は病死してしまう。

　　たぶん、あんまり前のお母さんのことを（良く）言うと、今のお母さんから離れるん違うかなって多分父親思ってるはずなので、あんまり母親に関してはたぶん（良く）言わないと思いますね。うん。実はこうやったんやでとは、こう、その、前のお母さんを褒めるっていうことがないので、「だめやった」しか聞いてないので、たぶん。

それぞれの母の気持ちを考えると、あんまりこう、前の母と前の関係には多分戻らない、今の家族を大事にしたほうがいろいろうまくいくんやろうなとは思うので、わざわざそのお姉さん（異父姉）とかにまた連絡取ってとは思わないですね。

　キングの研究にある「代替型」は、どちらか一方の親とのあいだに築いた親密な関係から子どもは成長発達への恩恵を得られるというものだが（とくに同居継親が優位）、今回の調査では別居親とのみ関係を形成しているケースはない。「親」的立場にあるのは同居継親だけだが、その継親とも、必ずしも親密な関係が築かれているわけではない。
　継母も「母親」になる葛藤を抱えている。離死別により喪失した母親の代わりとして、周囲から「母親」役割を強く期待される。その役割期待に応えようと「よい母親」になろうとするあまりに、しつけや教育に厳しくなる。継子からの反発・反抗を引き起こし、継母子関係が悪化してしまう。Aさんも、継母の厳しさは母親代わりをこなすことへのプレッシャーがあったからではと振り返っていた。同居継親が親役割を代替する「代替モデル」が、継親子双方に心理的葛藤をもたらすことを示している（菊地 2005；野沢・菊地 2014）。

## （2）　喪失型のアレンジ

　Bさんは5歳で両親が離婚し、7歳のときに実母が再婚して継父と同居する。離婚後から別居実父と定期的な面会交流が続いていたが、再婚を機に、何の説明もなく交流が突然途絶えてしまう。実父の喪失に加えて、同居継父を「父親」とみなすよう求める実母の態度に怒りと不信感を抱いたと振り返る。

「今度からあの人がお父さんになるのよって、パパって呼びなさい」って言われて、で、私はそのとき何も疑問に……、うーんと、私の中では、その、パパという人は本当の父ひとりだったので、えーと、その男性の名前にパパってつけて「何とかパパって呼べばいいの？」って何も疑問に思わないで言ったんです。パパは本当の父親ひとりで、別のパパっていう認識だったので。【もう一人の新しい別な？】はい。何にも疑問に思わないで言ったら、その母親から「何でそんなこと言うの？パパでいいじゃない」ってものすごく怒られたんですね。

(継父とは)特にその、仲悪くする必要はなかったですけれど、仲良くしようという気もそんなに起こらず。何でしょうね、やっぱりあんまりお父さんとは思ってなかったのかな。「一緒に住んでいる人」とかもしくは「スポンサー」のような。(Bさん)

　別居実父に対する思慕と、実父の存在を軽視する実母への反発心から、同居継父との関係を回避する。Bさんは、大学進学後に実父を探そうと決心していたが、その直前に実父が病死してしていたことを知る。継子側も、離婚による喪失経験が癒されないうちに、突然現れた継親を「親」として受け入れることに戸惑いや反発を感じている。誰が「家族」なのかという境界線や誰が「親」なのかという定義が、大人側の主導により線引きされていることがわかる。

　「喪失型」では、別居親と幼少期より交流が途絶えているケースが多い。再婚当初は同居継親が「親」として役割行動を遂行する「代替型」であったが、途中で関係が悪化して、結果的に別居親、同居継親双方との関係を失ってしまう「喪失型」に移行する。同居継親との関係に葛藤が高まり、深刻な虐待的行為が行われたときには、どこにも逃げ場がなく支援者もいない。同居継父から理解と経済的援助が得られない場合には大学進学を断念したというケースもあり、自立に向けて最も資源に乏しいグループである。家族経験が反面教師となり、将来の結婚にも消極的で、父親／母親のイメージを具体的にもてず、親になることに漠然とした不安や恐れを感じると語るケースもあった。

## (3)　並行型のアレンジ[3]

　Cさんは、0歳で両親が離婚し、実母が6歳で1度目の再婚、17歳で2度目の再婚をし、ふたりの継父と同居したケースである。離婚後に別居した実父とは、その後も半年に1度は交流が継続していた。別居実父は相談相手であり頼れる存在であるだけでなく、自分が親になったときの役割モデルだと振り返る。Cさんにとっては、別居実父が「父親」であり、とくに高校生になってから同居することになったふたりめの継父は、ゲームなどを一緒に楽しむ「お兄ちゃん」的存在だと語っていた。

(実父は)まあ一緒には住んでないけど、すごい頼りになるお父さん。実際一緒に住

んだことはないけど、本当にお父さんっていう感じ。もうずっとそういうふうに感じてます。【1番目、2番目、3番目のお父さんっていう言い方をされてたんですけど、この3人をそれぞれCさんにとって、存在としたらどういう違いがありますか？】私はやっぱりまあ1人目は、もう普通にお父さん。2人目は育ててもらったけども、怖い存在でしかないんで、本当に怖い存在ですね。3人目はもうほんとお兄ちゃんっていう感じです。

　別居実父との交流は、実母の2度の離婚・再婚後も変わらず続いていた。高校生になってからは、メールやフェイスブックなどを使って間接的交流も頻繁になった。実父は常に自分を気にかけ心配してくれる存在であり、「面倒見もいいですし、だめなことしたらだめだぞって言うし、まあ、本当にお父さんでしたね」と語っている。

　「並行型」に分類した4ケースのうち、3ケースは死別後の再婚によって形成されたステップファミリーであった。別居親や亡くなった親の存在をタブー化せずむしろ当然視して、ゆるやかに家族境界を再設定している。同居継親は「親」ではない存在として子どもの養教育を部分的に支える。そのため、しつけや教育を通じて高まりがちな継親子間の葛藤状況も避けやすい。死別であっても、祖父母をはじめとする親族との交流を続けていたり、家のなかで仏壇を置いたり墓参りするなど、間接的・象徴的に亡くなった親の存在を実感できている。親族から生前の思い出話を聞くなどして、「親」としての良いイメージが保たれている。別居親やその親族との関係は、世帯内の家族関係で生じる葛藤や困難からの避難所となるだけでなく、経済的かつ情緒的サポートの提供源となって、継子の成長と自立を支えていた。

## 6　考　察

　本章では、単独親権制を維持する日本で、親の離婚・再婚がどのような経験となっているのか、ステップファミリーで育った継子のインタビュー調査から分析した。若年成人継子19人から得た質的データをもとに、実／継親子関係のアレンジ・パターンを「①代替型」「②喪失型」「③並行型」の3つに分類し

た。

　代替型 4 ケースと喪失型11ケースはともに別居親との関係を喪失している。さらに、並行型 4 ケースのうち 3 ケースは死別であることも考え合わせると、今回の調査対象となった若年成人継子19名のうち18ケースが、一方の親との関係を喪失していることになる。彼らは80年代から90年代前半に産まれ、幼少期に親の離婚を経験している。当時は離婚後に別居親子が交流を続けることへの社会的認識は低い。別居親との関係が断ち切られたところに、再婚後は同居継親が代替親となり新たに核家族境界が再設定され、別居親の存在や以前の家族の歴史はタブー化される。代替モデルは、離婚は家族の崩壊という離婚観と、子どもにとって両親は 1 組だけという核家族観によって成立している。

　唯一、別居実親と同居継親双方との関係を築いていた並行型の 1 ケース（Cさん）でも、別居親と直接の面会交流頻度は半年から 1 年に 1 度だけに限られていた。それでも、自立にむけて将来設計する際に、別居実親を含めた複数の親的存在のなかから最適な役割モデルを選択することができ、別居親が情緒的サポート源となり成長を支え続けていた。日本でも離婚・再婚後の共同養育が子どもの適応を快復させることを示す重要な事例であるが、欧米各国のように家族の永続性に一定の社会的合意が形成され、法制度に支えられて実現している「永続モデル」とは言い難い。Cさんのようなケースをあらためて「継続モデル」と呼びたい。つまり、単独親権制のもとでは、家族メンバー間の緊張や葛藤の調整を自助努力で行いながら、別居親子の関係継続を選択するしかない。このような代替モデルから永続モデルへの移行のはざまにあるのが、「継続モデル」の実践である。

　ステップファミリーの家族形成を規定する現行法制度の課題とは、1 組の両親と子どもからなる核家族の再現に寄与する固定的・硬直的な法制度が、離婚・再婚後につくられる複数の親子関係の維持を困難にしている点である。別居親との交流継続と協力的な共同養育が子どもの「最善の利益」にかなうとして、共同親権・監護制へと制度を転換させた欧米とは対照的である。初婚継続家族と比較してステップファミリーで育つ子どもたちが進学率や親子関係評価において不利であるように見えるのは（稲葉 2011）、このような社会制度的要因が背景にあることを見逃してはならない。

別居親との交流継続と共同養育の実践（継続モデルの実践）を支え、子どもの利益という観点に立った家族モデルの選択肢を広げるために、協議離婚時に養育計画作成や合意形成のための家族教育プログラムなどの制度的介入、離婚後の面会交流仲介支援の充実と、調整機能を担う第三者機関の設置、非親権親を排除しない継親子間養子縁組の検討などの必要性が高まっている。核家族観にとらわれず、当事者間の合意形成とその実践を支える制度が求められているのではないだろうか。


【注】
1) 本論は、2015年9月に明治学院大学にて行われた国際交流基金・日米センター助成事業「国際シンポジウム2015　ステップファミリーの子どもと大人の未来のために」で、同名題目の報告内容に加筆修正したものである。
2) 引用事例の【　】内はインタビュアの語りを示している。
3) 継子が両親（やその親族）と関係を維持している点ではキング（2006）の類型にある「累積型」に近いが、その接触頻度や関わりが限定的という意味で累積型ではなく、「並行型」と名付けた。

【参考文献】
稲葉昭英（2011）「親との死別／離婚・再婚と子どもの教育達成」稲葉昭英・保田時男編『階層・ネットワーク（NFRJ08第2次報告書4）』131-157頁。
菊地真理（2005）「継母になるという経験——結婚への期待と現実のギャップ」、『家族研究年報』No. 30、49-63頁。
―――（2008）「離婚後の別居親子の接触の賛否を規定する要因——JGSS-2006を用いた分析」、『日本版General Social Surveys研究論文集［7］　JGSSで見た日本人の意識と行動』93-105頁。
―――（2009）「再婚後の家族関係」野々山久也編『論点ハンドブック　家族社会学』世界思想社、277-280頁。
―――（2017）「ステップファミリーにおける継親子間の養子縁組と別居親子間関係——インタビュー事例に見る離婚・再婚後の家族形成と法制度」松岡悦子編『子どもを産む・家族をつくる人類学——オールターナティブへの誘い』、勉誠出版、128-148頁。
栗林佳代（2014）「フランスの親権制度——両親の離別後の親権行使を中心として」一般財団法人比較法研究センター『各国の離婚後の親権制度に関する調査研究業務報告書』、27-53頁。
多賀太（2006）『男らしさの社会学——揺らぐ男のライフコース』世界思想社。
野沢慎司（2005）「離婚・再婚とステップファミリー」吉田あけみ・山根真理・杉井潤子編著『ネットワークとしての家族』ミネルヴァ書房、139-157頁。
―――（2017）「【講演録】家族社会学からみた現代の家族」『総研所報』13号、裁判所職

員総合研修所、2-27頁。
野沢慎司・菊地真理（2014）「若年成人継子が語る継親子関係の多様性——ステップファミリーにおける継親の役割と継子の適応」『研究所年報』44号、明治学院大学社会学付属研究所、69-87頁。
原田綾子（2013）「アメリカにおける面会交流支援——カリフォルニア州ロサンゼルス郡での取組」棚村政行編著『面会交流と養育費の実務と展望——子どもの幸せのために』日本加除出版、214-223頁。
矢野裕子（2010）「子どもと別居親の面会交流の一分析——子どもの福祉の視点から」『西山学苑研究紀要』5号、1-16頁。
Boss, Pauline (1980) "Normative Family Stress: Family Boundary Changes Across the Life-Span", *Family Relations*, 29(4): 445-50.
——— (1999) *AMBIGULUS LOSS: Learning to Live with Unresolved Grief*, Harvard University Press.（＝2005、南山浩二訳、『「さよなら」のない別れ　別れのない「さよなら」——曖昧な喪失』、学文社。）
Ganong, Lawrence and Marilyn Coleman (2004) *Stepfamily Relationships: Development, Dynamics, and Interventions*, Kluwer Academic/Plenum Press.
King, Valarie (2006) "The Antecedents and Consequences of Adolescents' Relationships With Stepfathers and Nonresident Fathers", *Journal of Marriage and Family*, 68(4) 910-928.
Lynn, White and Joan G. Gilbreth (2001) "When Children Have Two Fathers: Effects of Relationships with Stepfathers and Noncustodial Fathers on Adolescent Outcomes", *Journal of Marriage and Family*, 63, 155-167.
Parkinson, Patrick (2013) "Violence, Abuse and the Limits of Shared Parental Responsibility", *Family Matters*, 92: 7-17.
Théry, Iréne (1986) "'The interest of the child' and the regulation of the post-divorce family", *International Journal of Sociology of Law*, 14: 341-358.
van Eden-Moorefield, Brad and Kay Pasley (2013) "Remarriage and Stepfamily Life", Gary. W. Paterson and Kevin R. Bush (eds.), *Handbook of Marriage and the Family*, Springer.

# 第5章

## 超高齢社会における高齢期の意味の変容
―― 百寿者を親にもつ子ども高齢者の語りから

安元　佐織

## 1　はじめに

　日本は、全人口の26％が65歳以上の超高齢社会であり、その高齢化率は今後さらに高まることが予測されている。そのような中において、高齢者は（もしくは、これから高齢期を迎える私たちは）、資本主義、テクノロジーの発達、グローバル化などによって日々生まれ変わる習慣や社会制度に対応する能力が求められている。同時に、自分たちよりさらに高齢の高齢者との交流を持つ機会が増えることにより、高齢者の定義や高齢期の過ごし方について見直す機会が多くなり、その必要性が問われている。一般的に、高齢期には身体機能が低下する。そして、生産性や効率化が重要視される現代社会においては、社会的地位や役割の喪失も避けがたく、それによって主観的幸福感が低下するという研究結果が報告されている。しかし、同時に100歳以上（以下、百寿者と呼ぶ）のような超高齢期になると諸側面における機能低下にもかかわらず、主観的幸福感は保たれるという研究結果も報告されている（権藤・広瀬 2012）。そのような百寿者との交流は、若い世代の高齢者にとって、高齢期のポジティブな側面を見る機会にもなるのである。

　厚生労働省の報告（2016）によると、1963年に150人程度であった百寿者人口は、65,000人を越えるまでに増加した。このことは、高齢者と呼ばれる65歳以上の人々が、さらに高齢の高齢者と交流を持つ機会が増え続けていることを示唆している。そこで、本章では、百寿者を親に持つ子ども高齢者を対象に行った聞き取り調査に基づいて、超高齢の親との交流は、彼ら彼女ら自身の老いに対する捉え方やアプローチに、どのような影響を与えているのかについて考察する。

## 2 変容する高齢者人口と高齢者の社会的地位や役割

### (1) 産業化が高齢期に与えた影響

　産業化の発展は、私たちの生活を大きく変えた。例えば、都市化や交通の発達により、私たちの生活は効率的になりスケジュールの予測が可能になった。また、機械の導入によって重労働とされていた仕事は少なくなり、過労死や事故死は減少した。そして医療の発達に伴い出生率が増加し、我々の寿命も延び続けている。これらの変化に加え、産業化は家族を制度によって繋がっている集団から、情や親交の繋がりで成立する集団に変容させた（Burgess 1926）。制度を基盤にした家族関係は、家族の一構成員がその他の家族構成員を所有するという意味合いが大きく含まれてしまうため、家族内における力関係の不平等が生じてしまう。日本では家長制度がその例である。しかし、そのような制度が廃止されたことにより、家族は助け合うものとして、その定義や役割も変化した。

　このように産業化は、私たちの生活習慣に様々な影響をもたらしたが、高齢者にとっては良いことばかりではなかった。例えば、家族が制度を基盤としていた頃は、家族の構成員には明確な役割が与えられていた。高齢者は家長であり、家族や近所の歴史を知り、畑仕事などの知識を持ち、それらを若い世代に教えるという役割を担っていた。しかし、産業化や資本主義によって生産性や効率化が重視される社会では、情報や知識はインターネットから得ることが好まれるようになり、高齢者は労働者としての社会的役割を定年退職を機に喪失すると同時に、家族内における知恵袋としての役割も喪失する時代になってしまったのである（Burgess 1960）。

　ここで注目すべきポイントは、高齢者の価値や社会的役割は時代や社会構造の変遷とともに変化しているということである。BergerとLuckman（1966）が唱えた社会構築主義的な視点を応用すると、高齢期の在り方や高齢者の社会的役割は、私たちが意味を見出すことによって形成され、さらに発展させることが可能なのである。そして、その新しく形成された高齢者の社会的地位や役割が、社会構造の変化にも影響していくのである。

## （2） 日本における高齢化の現状と特徴

　総務省（2015）の調べによると、65歳以上の高齢者数は3392万人で、その数は総人口の26.7％に及び、人口数も割合も過去最高に達した。また、高齢者人口の増加に伴い、高齢者がいる世帯数も年々上昇していると報告されている。例えば、昭和58年に高齢者がいると答えた世帯は866万世帯だったが、平成5年には1176万世帯、平成15年には1500万世帯、平成25年には2086万世帯にまで増えた。詳しい内訳をみると、高齢者単身世帯は30年間でもっとも増加率が高く5.6倍、高齢者がいる夫婦世帯が約4倍、高齢者がいるその他の世帯が1.5倍増加している（総務省 2014）。

　このような統計結果をみると、高齢者単身世帯が急増化していることから、高齢者が自立してきているのではと解釈することができる。しかし、同じ総務省（2014）が行った調査で単身で暮らしている高齢者の子どもの居住状況を調べたところ、お互いが片道1時間以内のところに住んでいるケースが全体の約5割、同居もしくは片道15分と答えた人が全体の2.5割だった。つまり、同居はしていなくても高齢の親とその子どもは近くに住むようになってきているのである。

　Bengston（2016）は、高齢化するアメリカの状況を分析しながら、世代間交流の重要性が見直されている事を、いくつかの要因を紹介しながら述べている。まずは、単純に高齢者人口が増えたことにより、日常生活における世代間交流が盛んになったことが挙げられる。次に、心身ともに健康な高齢者が増え、定年後の再就職などによる高齢者の社会進出による世代間交流の増加である。さらに、母子家庭や父子家庭、また共働き夫婦が増えたことにより、孫の世話をするなど祖父母の役割が家族内で重要になってきていることが述べられている。これらは日本でも同様に起きていると言えるだろう。

## （3） 日本の百寿者とその家族

　本章では、世代間交流が次世代高齢者に与える影響について、百寿者を親にもつ子ども高齢者を対象に話をすすめるため、なぜ百寿者とその子どもなのかについて説明する。まず、百寿者人口は私たちが思っている以上に多いということを知ってほしい。世界的にみると、百寿者は45万人以上いると言われてい

る（Goodman 2014）。日本でも百寿者人口は年々増加し、1963年には全国で153人程であった百寿者数は、1981年には1000人を越え、1998年には１万人以上、2012年には５万人、2016年には6.5万人を越えた（厚生労働省 2015）。

　また、百寿者は身体機能や認知機能の低下が免れず施設や病院で生活しているのではと思われがちだが、ある調査によると、施設に入居している百寿者は男性で14.1％、女性で33.3％と非常に少なく、66.3％の男性、53.4％の女性が子どもと同居していると報告されている（厚生労働省 2015）。つまり、百寿者を親にもつ子ども高齢者の多くは、自分よりさらに高齢の親と生活を共にしているため、世代間の交流が盛んなだけでなく老いの過程を日常生活を通して観察することとなる。そのため、百寿者を親に持つ子ども高齢者の視点を知ることにより、超高齢社会における高齢期の世代間交流の影響を理解することが可能となるのである。

## 3　調査方法

### （１）　調査対象地域とサンプリング

　本章で紹介する調査は、兵庫県の都市部と農村部にある３つの市に在住する百寿者を、住民基本台帳を基に抽出して調査協力をお願いする依頼状を送ることから始まった。参加協力の返信をいただいた百寿者に対して、2014年８月から2015年10月にかけて２時間弱の訪問調査を行った。本調査は、百寿者の現状を理解するための調査と同時に行ったため、本章で紹介する百寿者の子ども高齢者は訪問調査の際に同席が可能だった42名の方々である。

### （２）　調査協力者の特徴

　本調査の協力者42名の内、36名は都市部、６名が農村部の在住であった。また、31名が百寿者の実子、11名が百寿者の義理の娘や息子であった。百寿者との居住状況については、23名が百寿者と同居、19名が別居であった。別居で生活している19名のうち、15名は百寿者が施設や病院に入居しているための別居であり、４名は百寿者が独居のため、別宅で生活して百寿者宅に通っていた。調査協力者42名の性別は、18名が男性、24名が女性であった。調査協力者の男

性の平均年齢は71歳（63歳から75歳）、女性の平均年齢は70歳（59歳から81歳）であった。

### （3） インタビューの内容

百寿者が同席されていたため、体調を考慮に入れインタビュー時間は30分以内と短めに設定した。インタビューは、半構造化形式で行い、調査協力者が百寿者の親との日常交流について、今までの親子関係や家族関係について、自身が「歳をとる」ことについてどのように考えているか、またどんな風に歳をとりたいと思っているかについて自由に答えてもらい、回答からさらに質問するという形式をとった。

## 4　結　果

本調査に協力してくれた百寿者を親に持つ子ども高齢者は、超高齢の親との交流から歳をとると喪失するものが多い事実に直面すると語った。しかし、自身が歳をとる過程について話す際は、能動的な姿勢でポジティブに語る傾向があった。42名の調査協力者の語りをまとめると、次のようになった。「歳をとると喪失するものが多い。例えば、日常生活をコントロールする力を失う。日々の目標や人生の目的を失う。社会的地位も高齢期に失うものひとつである。そして何より人間としての尊厳をも失ってしまう。でも、それが高齢期に直面することと分かっているから、心身ともに元気な今の段階から計画的に自身の老後を考えている。」

高齢期が喪失過程であることは、多くの人にとって想像がつくことであろう。では具体的にどのような喪失があるのか。以下では、インタビューで語られた高齢期における喪失の側面や特徴を簡潔に紹介し、それらの喪失を認識したことによって、自身の老いをどのように捉えるようになったかを2名の調査協力者の語りを例に紹介する。

百寿者を親にもつ子ども高齢者が語る高齢期に喪失する一つ目の側面は、日常生活を送るうえでのコントロールである。これは、高齢期に起こる身体的・認知的機能の低下によって行動に制限がかかることを意味していた。その中で

も、調査協力者は認知的機能の低下によって物忘れがひどくなったり、認知症などで他者との会話ができなくなったりすることへの懸念を語る傾向が高かった。百寿者の親の健康状態が急激に悪くなる過程を見た経験がある調査協力者や、男性がこの点について述べることが多かった。

　二つ目の喪失として、日々の目標や人生の目的を失うことが挙げられた。性別を問わず、仕事や家事で忙しくしてきた経験がある調査協力者ほど、歳をとる過程で目標や目的を失うことに不安を感じるようであった。ある男性（Cさん）は、ストレスの重要性について述べていた。一般的に私たちは、ストレスはネガティブなものとして理解しているが、Cさんは、寝て起きて食べてが繰り返される毎日より、目標達成のためにストレスが伴う生活の方が良いと語っていた。

　三つ目に挙げられた喪失は社会的地位で、おおきく分類すると二側面の社会的地位の喪失が語られた。ひとつが友人や近所付き合いのような、社会的集団の一員としての立場や地位の喪失であった。身体的・認知的機能の低下により、他者とのコミュニケーションが困難になることも社会的地位の喪失の引き金となるが、単純に超高齢期には友人なども病気で亡くなっていき、高齢者を取り巻く社会的集団が小さくなることを示唆していた。もう一つの側面は、親としての地位の喪失に対する懸念であった。百寿者を親にもつ調査協力者は、超高齢の親の身体的機能や認知的機能が低下することによって、親子関係が今まで通りでなくなってしまうことに寂しさを感じる傾向があった。認知症だから仕方がないと思いながらも、親が自分の顔を認識できなくなっていくことに傷ついているようでもあった。

　最後に挙げられたのは、人間としての尊厳の喪失であった。尊厳の意味を具体的に説明してもらったところ、日常生活での決断（何を食べるか、どのテレビ番組を観るかなど）から、死のタイミングの決断まで含めて自分の意思で物事を決定する能力を意味していた。

　このように、子ども高齢者は超高齢の親と交流を持つことで、高齢期に対する意味づけを行い、それらを自らの生活習慣（食生活、情報収集、運動、他者との関係性）に反映していた。また、老いのネガティブな側面を意識しているからこそ、より努力してポジティブに歳を重ねて行けるように心がけているよう

でもあった。百寿者の親をもつ子ども高齢者は、選択肢を持ち自立した高齢期を求めている様子もうかがえた。これは、近代社会が尊ぶ意思決定の自由が高齢期においても重要な側面になってきていることを示唆している。

　以下では2名の調査協力者をケースとして、超高齢の親が歳をとる過程を見ることによって、自身はどのようなアプローチで高齢期を迎えたいと思うようになったかについての語りを紹介する。

### （1）　Aさんのケース

　Aさんは72歳の男性で、兵庫県の都市部で百寿者の母親と数年前から同居している。デイケアや訪問介護ヘルパーの助けを受けているとのことだが、Aさんが主に介護をしているのは、百寿者の母についての細かな記録（起床時間、食事、体調など）が書かれた3冊にも及ぶ日誌から明白であった。Aさんと母親とはもともと同居しておらず、母親の体調が悪くなったのをきっかけにAさん夫婦が同居を始めた。しかし、介護の仕方をめぐってAさん夫婦は意見の擦れ違いが起こるようになり、母親もお嫁さんであるAさんの奥さんに介護をお願いすることに気を遣うようになった。家族の皆が我慢しすぎないで過ごせる環境を作りたいと思ったAさんは、奥様のために自宅近辺にマンションを借り、別居しながら母親の介護を行うようになった。当初、Aさんの奥さんは自宅で週2泊しながら介護していたが、週1日昼間に来る頻度に落ち着いたそうだ。

　Aさんは自分の事を「職人」「技術屋」と呼び、長年してきた仕事からどのような事でも観察し分析するのが習慣になっていると語った。そのため、母親の日常の様子も毎日欠かさず書き記していた。母親の介護は「仕事」「職務」という言葉を使って説明し、仕事には嫌な事も伴うがそれが仕事だからと思えば苦に思うことは少ないと語った。周囲の人は、そんなAさんの事をマザコンと呼ぶそうだが、実際には息子である自分が介護することによって家族関係のバランスが一番良くなると分析していた。それは、奥様も介護の気苦労が少なくなるし、母親も気兼ねなく介護を頼めるようになることを意味していた。

　インタビューを通してAさんは、高齢期は喪失するものが多いことを語っていた。Aさんとのインタビューの中で印象的だった話の一つが、高齢期に失う

可能性がある親としてのアイデンティティ（社会的地位）に関するものであった。Aさんは同じように親の介護をしている友人の話をしながら、Aさん自身も同じように感じていることを下記のように語った。

    Aさん：うん、だから今介護のやったことのある人はだいたいもうみんな納得してくれますから。「ああ、そうやな、そうやな」いうことでね。あの、一番よく出るのはやっぱりあのう、うんこかおしっこ引っかけられるんですよ。ある人はね、頭の上にうんこをやられましたな。なんかやってるときに次が出てきてね。
    聞き手：はい。
    Aさん：うん、それで介護ってこんなもんやというのは納得いったと。私も手の上やられてね「あーもうこないなる、こないなるんやな」と、その時はぞっとしますよ。
    聞き手：はい。何に対してぞっとしたんですか？
    Aさん：まぁだけど、だけどこれをやっぱりもう当たり前にせなしょうがないんやと、そうなるとなんかこう心が開けるいうんですかね、ひとつの道ね。それからこんな話をやっていくと、いやうち認知症があって具合が悪くなって、それで風呂入れたら大きい方はやられて、それで親も、しもたと思ったみたいやな。悪かったいうてわしに言うねん。息子にね。その時は涙が出たわ。うわー惨めやな親としてね。俺に頼まないかんと……。

Aさんは上記の前後の会話の中で、超高齢の親との生活を通して、人間が失ってしまう可能性がある日常生活をコントロールする能力や尊厳についても語っていた。しかし、Aさんが最も心配しているのは、父親として子どもと関係を保つ事のようであった。そして、できるだけ長い間その親子関係を継続できるように、今から心がけていることがあると語った。

    聞き手：あのね、そうしたら自分が歳をとるっていうことをどんな風に考えますか？
    Aさん：いや、僕はやっぱりこうなりたくないなと。
    聞き手：なりたくない……こういう風ってどんな風？
    Aさん：あのう、やっぱり子どもに面倒ね、ずっと見させて、そう、こういう風にはなりたくない。だから自分ではやっぱり、あのう、施設とか、あるいは……自分

の動ける間はやっぱりその子どもと離れたところでね、その点、そこで住めるようには心づもり、これはもう心づもりだけですから……。

続けて「心づもり」とは何を意味しているのか尋ねると、家族以外の人たちから快くサポートや介護をうけることができるような気持ちを持つことだと教えてくれた。自分の心を変え、家族だけに頼らず多くの人からのサポートを受け入れる心が持てるようになれば、親としての威厳を保ちながら豊かな高齢期を迎えることができると語っていた。このようにAさんは、超高齢の親との交流から高齢期を喪失過程と意味づけし、だからこそ自分は失うものが少ない高齢期の過ごし方や心構えについて考えていた。

## （2） Bさんのケース

Bさんは68歳の女性で、兵庫県の都市部で百寿者の父親、娘さん、お孫さんの4世代で暮らしている。Bさんの父親はとてもお元気で、怪我をすることを懸念して一人で外出はしないまでも、家の中では自立して生活していた。Bさんはパートタイムで働きながら、朝6時前には起床して父親の朝食と昼食を準備してから仕事に行き、夕方には家族全員の夕食の支度をしているとの事だった。しかし、家族は「さばさばした関係」でいた方が健全だと信じ、できるだけ自立して頼り過ぎない関係を保つように努めていると語った。具体的なエピソードを伺うと、百寿者の父親のご飯の準備は途中までは行うが、最後は（微妙な味付け、電子レンジの温め）自分でやってもらうようにメモを残しているとのことだった。仕事も家事も一手に引き受ける生活を長年されていることもあってか、時間的にも空間的にも効率を重視しているのが語りから伺えた。

Bさんの父親は支援が必要な程度でお元気だったが、それでもBさんは高齢期に直面する喪失について意識しているようだった。例えば、Bさんの父親は外出することが滅多にないため、友達も少なく、本を読んだりテレビを観たりするしかないので、日々の目標がなくなる事が寂しいのではないかと懸念していた。そのため、色々な手段を使って父親がデイケアーに行きたくなるように説得しているとお話してくれた。また、過去に幼児教育のインストラクターのお手伝いをしていた経験が、現在の父親との関係に役立っていると自分自身を

観察し、幼児と高齢者の共通点を挙げながら高齢期に失う可能性がある大人としての社会的地位について語っていた。また、「長生きしたいですか」という私の問いに対しての答えは、「基本的には長生きはかわいそうだなって、辛いだろうな、それが正直な答え」であった。

このようにBさんは高齢期に対して肯定的なイメージをもっているわけではなかった。しかし、自分の今後について語るとき、Bさんはとてもポジティブで計画的だったのも事実である。例えば下記のような会話があった。

聞き手：どんな時に、何を見た時とか、どんな話を聞いた時にそういう風に（長生きはかわいそう）思いますか？
Bさん：いや、話を聞いて何じゃなしに、結局、私は自分がそうなんだけども楽しみが何もなくて、ただ歳をとって「すみませんね」とお世話になっている。だけど、自分には何もできないという世界にいる人っていうのは気の毒だなあと思うから、私はっていうところもあって、70歳のサプライズって自分で計画立てて、家を売ってね、キャンピングカーを買って、犬を連れて日本一周しようかって思っているんですよ。それで一生懸命稼いでるの。それでできるかなって、思ったりするじゃないですか。

同じように、老後を自分でプロデュースするという次のような計画についても語ってくれた。

聞き手：Bさんはどんな風に歳をとりたいと考えていますか？
Bさん：うん、だからさっき言ったみたいに元気はつらつで、だけどさっき言ったみたいに毎日毎日……もう自分で決めて、ね、図書室を作って（家の中に）、そしてもう毎日毎日本をね、読みながら孫たちにメニューを書いて。
聞き手：孫たちにメニューを書いて？
Bさん：そう。それでママ（娘）には携帯で電話して、「あなたの帰ってくる時トイレットペーパー買ってきて」とかね。まあ、そういう風な計画は間違えなくできる。ね、自分が働いてきたのと、介護してきたのと、そのからくりが分かるじゃないですか。だからそこまでは誰に何ができるというのを書くことができる……そうそう、日常というか閉じこもりとは言わせないけども、快適な閉じこもりを計画している。それは事実、しようと思っている。

Bさんは、一般的にいう「歳をとる」ことに対してポジティブなイメージは持っていない。しかし、自身の老いへのアプローチはとても前向きである。そして、選択肢やコントロールを持つことが可能な生活が、心豊かな高齢期を過ごすための要素となっているようであった。

## 5　まとめ

　本章で紹介した調査は、超高齢の親との交流から子ども高齢者が歳をとる事をどのように意味づけし、さらには自身の老いに対してどのようなアプローチを試みているかを理解することを目的とした。同時にこの調査を通じて、今後さらに高齢化する社会において、どのような政治やサービスが高齢者に求められているのか、何を提供することが高齢者の社会的側面における健康や心理的健康につながるかを考察した。

　調査の結果、百寿者を親に持つ子ども高齢者は、歳をとると喪失するものが多いということを学んでいた。しかし、彼ら彼女らは高齢期を悲観的に捉えているとは言い難く、逆に失うであろうものが想定できるからこそ、自身が失うものを最小限にできるように、もしくは失う事は仕方がなくても、コントロールできる日常習慣や人間関係を維持しようと試みていた。

　超高齢社会で歳をとるにあたり、「自立」は重要な課題となってきている。また、高齢期に選択肢を持ち、さらには自分で選ぶ力を持つことで自身の人生に対するコントロールを維持できるということも高齢者が望んでいることの一つであった。父親としての地位や尊厳を失わないために、Aさんは自身に支援や介護が必要になった際は、様々な施設や人材からサポートを受けることで負担を分散したいと語っていた。Aさんの希望がかなう社会を構築するには、高齢者自身が支援や介護の量や質を選べる制度の存在が必要となる。さらに、それらを選択できる経済的サポートが多方面から得られる社会的システムの構築も重要な課題である。

【参考文献】
厚生労働省（2015）「ひと　くらし　みらいのため」（http://www.mhlw.go.jp/file/04-

Houdouhappyou-12304250-Roukenkyoku-Koureishashienka/0000097112.pdf, last visited, 24 September 2016)
権藤恭之・広瀬信義（2012）「百寿者からみた幸せのかたち」『アンチ・エイジング医学』8巻3号、46-51頁。
総務省（2014）「統計からみた我が国の高齢者（65歳以上）」（http://www.soumu.go.jp/menu_news/s-news/01toukei01_02000038.html, last visited, 24 September 2016）。
Bengston, Vern L. (2016) "How Theories of Aging Became Social: Emergence of the Sociology of Aging." Vern L. Bengston and Richard Settersten (eds.), *Handbook of Theories of Aging 3$^{rd}$ edition* New York: Spring Publishing Company, 67-86.
Berger, Peter and Thomas Luckman (1966) *The Social Construction of Reality*. New York: Doubleday.
Burgess, Ernest W. (1926) "The Family as a Unity of Interacting Personalities." *The Family* 7: 3-9.
Burgess, Ernest W., (1960) "Aging in Western Culture", Ernest W. Burgess (eds) *Aging in Western Societies*. Chicago, IL: University of Chicago Press, 3-38.
Goodman, Steven (2014) "How Many People Live to 100 Across the Globe?" *Centenarians*. (http://www.thecentenarian.co.uk/how-many-people-live-to-hundred-across-the-globe.html, last visited, 24 September 2016)
Moore, Sharon L., Barbara Metcalf and Elaine Show, (2006) "The Quest for Meaning in Aging." *Geriatric Nursing*, 25(5): 293-299.

第**2**部

# 社会の変化を創り出す

# 第6章

## 横井小楠の思想はどのような社会的条件で生かされたか
―― 小楠が改革しようとした熊本藩と福井藩の政治状況を比較して

北野　雄士

## 1　はじめに

　横井小楠（時存）は1809（文化6）年、熊本藩士の次男に生まれた。8歳より藩校時習館で儒学を学び、29歳の年に最上級クラスの居寮長になっている。小楠の志は経書の解釈にはなく、経世の事業にあった。30代半ばには、経書に描かれた古代中国の理想政治を深く奉じるようになり、災害や重税に苦しむ領民を見て、熊本藩で民を安んじる仁政を実現しようとした。居寮長の時と30代半ばの2度にわたり、同志と藩政改革を試みたが、いずれも藩の主流派に妨害されて失敗した。47歳の時、中国で出版された世界地理書を読み、欧米の民主的な政治・経済制度を知って感銘し、儒教思想を媒介にして積極的に受容した。
　その後福井藩主の松平春嶽（慶永）に見出され、藩校明道館の賓師として福井に招聘された。講義のかたわら藩官僚を指導して殖産興業を推進し成果を挙げた。1862（文久2）年、春嶽が幕府の政事総裁職への就任を要請されると、江戸に呼ばれて側近になり、春嶽を助けて参勤交代制度の大幅緩和などの改革に貢献した。明治維新後、政府の参与に登用されたが、1869（明治2）年1月、攘夷派の残党により、日本に天主教（カトリック教）を広める危険人物として暗殺された。
　小楠の死後、熊本では弟子たちが藩庁の幹部に採用され、小楠の遺志を継いで税の削減など民生を重視する政策を実施した。しかし、明治政府が1873（明治6）年、熊本藩を統制するため土佐藩出身の安岡良亮を権令（後に県令）として派遣すると、小楠の弟子たちは次々と辞職し、改革は挫折した。
　小楠が提案した、朝廷を中心として全国から人材を集め、民の意見を取り入

れて政策を決定する新体制や政策には、明治政府の政策を先取りするものが多く含まれていた。明治政府と異なる要素としては、民衆の生活の重視、儒教的普遍主義に基づく平和外交論、政策が「武」、つまり軍事に片寄ることに対する批判、神道の危険視などがある。

　このように小楠は江戸時代と明治時代をつなぐ上で重要な役割を果たした。その思想は「もう一つの明治維新」の可能性を示唆している。本章は小楠の思想が生かされるどうかを決定した当時の社会的条件を、小楠が改革しようとした熊本藩と福井藩の政治状況の比較を通じて考察しようとするものである。

　以下、まず2で、小楠の思想的特徴を指摘し、次に3と4で、小楠が熊本藩と福井藩の改革運動にどのように関わったかを描く。さらに5で、熊本、福井両藩主と小楠との関係、幕末の将軍継嗣問題を巡る小楠の漢詩、その社会的背景をなす将軍や大名の相続の慣例に言及しながら、小楠の思想が生かされるかどうかを決定した社会的条件を考察する。最後に6で、それまでの議論をまとめて、結論としたい。

## 2　小楠の思想的特徴

　小楠は29歳の年に藩校の居寮長になった。その後江戸に遊学し、帰国後朱子学を学び直した。30代半ば、小楠は友人たちと、北宋の儒者の文章や語録が集められた『近思録』（朱子・呂祖謙編）を会読し、そこに表れている、修養と実践の結合論、夏、殷、周三代の仁政を実現しようとする理想主義、為政者としての責任意識などに大きな影響を受けた。

　40代前半以降は、五経の一つである『書経』を重んじた。小楠はその冒頭に登場する、夏王朝以前の神話的皇帝である堯や舜の政治理念、すなわち為政者は民衆に平和で豊かな生活を享受させなければならないという仁政理念を提唱するようになった。小楠は堯や舜さらに夏、殷、周三代の賢明な君臣が行った仁政を模範とする政治理念を「堯舜三代の道統」（山崎 1938：901）などと呼んでいる。この理念は時空を超えて普遍的に妥当するとされ、日本においてその理念の実現に努めることが小楠の使命になった。

　小楠の思想は40代前半から50代の初めにかけて確立した。小楠による朱子学

受容の特徴は次のようにまとめられる。朱子学は北宋の周敦頤、程顥、程頤、張載などの儒者に淵源し、南宋時代に朱子（朱熹）によって集大成された新しい儒教であり、北宋以来皇帝の下で政治を担った士大夫官僚の経世思想を受け継いだものである（戸川ほか 1987：241-249）。小楠は朱子学のうち、理気論のような哲学的議論や理気論に基づく経書解釈には拘泥しないように心掛ける一方で、道徳的修養と政治実践を結合し（修己治人）、積極的に経世の責任を果たすべきだという気概に満ちた士大夫精神から大きな影響を受けている。

　幕末の日本では、貧しい農民は様々な災害や重い租税負担に、下級武士は禄米の削減に苦しんでいた。小楠は仁政を単なるスローガンとせず、現実に即して藩政や幕政を改革することを唱えた。この点に小楠の革命性があった。仁政を重んじる点は、中国の戦国時代に諸国の為政者に仁義を説いて回った孟子の王道思想にも強く影響されている。

　1855（安政２）年47歳の夏、清末の魏源が著した世界地理書『海国図志』の翻刻を読み、欧米諸国における民衆本位の政治制度や経済政策を知った。特に初代アメリカ大統領 J. ワシントンの思想や行動に感銘を受け、子孫に政権を伝えず、平和を重んじ、智識を世界に求めたとして高く評価した。西洋文明に関する情報は、『書経』やその他の経書に基づく己の儒教思想への確信を強めるとともに、これまでの政策論を殖産興業に向けて革新する契機となった。小楠は西洋の国情を知ると、仁政が行われ道が実現している国が「中国」（中華すなわち文明国）であって、現在では西洋が「中国」になり、日本や「支那」は「夷」になっているとして、日本の国体を万邦に優れたものと尊ぶ「国学者流」の自民族中心主義を批判するようになった（村田 1940：35；山崎 1938：63）。

　ペリー来航以来、幕府の権威は急速に低下した。当初は幕府に期待していた大名や家臣、儒者などの知識人の中には、幕政改革や新しい体制を模索する者が現れた。彼らは新体制を構想する際、中国版の世界地理書の翻刻、蘭学者による欧米の紹介や翻訳、欧米で出版された原書などによって得た西洋情報から大きな影響を受けた。西洋の情報に対する武士や知識人の反応や解釈は多くの場合、彼らがそれ以前に身に付けていた世界観や江戸社会の制度や慣習に基づくものである。基本的な世界観の大枠は、儒教、神道、仏教のどれか一つか、

あるいはその間の組み合わせによって形作られていた。小楠の場合は儒教を基軸としたものであった。

## 3　熊本藩における改革運動への関与

　小楠は熊本藩ではどのように改革運動に関わったのだろうか。
　1836（天保7）年、次席家老の長岡監物（是容）は藩の文武教育の総責任者に任命された。監物は、当時藩校の居寮世話役であった小楠や、奉行の下津久馬の協力を得て、藩校を人材養成の場にするために、最上級クラスを希望入寮制から選抜入寮制に切り替えて定員も増やそうとした。希望入寮制の時代には、貧しい藩士で自給できない者が希望して入学でき、才能は問われなかった。選抜入寮制は藩士の中から、藩閥の子弟と「志行才学」のある者を選抜して居寮生にする制度であり（元田・海後 1969：20）、能力主義を導入して藩政を担う人材を養成しようとするものだった。選抜入寮制と定員増は翌年実現し、小楠は新設の居寮長の職に任命された。しかし、小楠の激しい気性と酒に酔うと気荒になる酒癖が原因で、退寮者が続出した。筆頭家老の松井章之に連なる藩主流派はその責任を追及した。藩主の細川斉護は主流派の意見を受け入れ、監物は総責任者を、久馬は奉行を、小楠は居寮長を解任された。
　小楠は解任と同時に江戸遊学を命じられ、1839（天保10）年3月出立した。江戸滞在中、今度は御家人との間で酒失事件を起こし、熊本藩江戸藩邸の幹部に帰国を命じられた。
　1840（天保11）年4月、小楠は帰国すると、謹慎して朱子学を学び直した。1843（天保14）年頃からは、長岡監物（世禄15,000石）、下津久馬（世禄1,000石）、荻角兵衛（世禄250石）、元田永孚（世禄450石）とともに、『近思録』を会読している。会読では、章句を解釈した後、古今の人物や政治を盛んに議論した（元田・海後 1969：26-27、31）。世禄150石の藩士の次男であった小楠にとって、禄高が大きく違う藩士との自由な講学は重要な原体験になった（源 2013：74-77）。この時期に、古代中国の理想政治を目指す小楠の思想の原型が形成された。
　小楠は朱子学の学びと並行して、熊本藩政の歴史と現状を調べた。調べう

ちに、藩政府が藩収入の不足を補うために、専売制度、臨時課税、士民への金銭貸付の制度などによって領民や家中の武士を収奪し続けていることを知り、1842（天保13）年頃、藩政改革案を起草した（山崎 1938：65-79）。

藩政改革案は「節倹の政」、「貨殖の政」、「御家中の風俗」、「町方制度」の4篇からなる。ここでは前二者を紹介する。「節倹の政」は、藩が財政立て直しのために行っている、藩士の手取り米の削減や町や村への臨時課税をやめ、士民の暮らしを立ち行かせる施策を主張している。「貨殖の政」は、藩が藩内で生産された櫨の実などの産物を農民から独占的に買い上げ、他国に販売して利益を上げる専売制度や、藩が士民に金を貸しつけ利息を厳しく取り立てる制度の廃止を求めている。また貨殖政策を始めた第6代藩主細川重賢（しげかた）も批判している。

藩は臨時課税や貨殖政策による財政再建策を長年継続していた。小楠の改革案は藩の政策と鋭く対立するものであった。

長岡監物は小楠を含む同志とともに、再度藩政改革を目指して藩主に上書し、1844（弘化元）年7月に、再び文武教育の総責任者に任命された。しかし、時習館の教育を巡り、監物とその同志と、主流派に属する時習館の師範たちとの対立が激化した。藩主斉護は1846（弘化3）年監物を文武教育の責任者から外した。監物は翌年3月家老職を辞任した。以来、筆頭家老松井章之と筆頭用人松井典礼という松井一族が全藩士の人事を掌握した（鎌田 1998：526-530）。

小楠は監物を押し立てて、二度に渡り藩士の教育改革を起点に藩政改革を進めようとしたが、藩主が筆頭家老以下の主流派を支持したため失敗した。小楠は幕末の熊本ではその志を遂げることができなかった。

1860（万延元）年、斉護が死去すると、二男の細川慶順（よしゆき）が家督を相続して藩主になった。明治維新前夜になると、小楠は人を介し、斉護の六男で開明的な細川護美（もりよし）にその意を伝えられるようになった。維新後、小楠は新政府に召命されて京都に上り、維新政府の参与になるが、1869（明治2）年1月京都で攘夷派志士の残党によって暗殺された。

1870（明治3）年細川護美や小楠の弟子の運動が実り、斉護の三男で、護美と思想的一致点の多い細川護久が、前年に藩主から熊本藩知事になっていた細川慶順（明治元年韶邦（よしくに）と改名）に代わって藩知事になり、護美が藩庁ナンバー2

の大参事になった。すると安場保和、山田武甫、嘉悦氏房、竹崎律次郎、徳富一敬など小楠の弟子であった藩士や豪農が、藩政府の中枢に登用されて改革に携わり、雑税の廃止、諸拝借銭・会所官銭貸付分の切り捨て、夫役の軽減、洋学校の設置など斬新な改革を行った（新熊本市史編纂委員会 2001b：187, 197-202）。廃止された雑税は本税の3分の1近くになり、領民を感激させた。熊本藩周辺の藩の民衆はそれを知ってうらやみ、一揆を起こすようになった。

　藩知事の護久は周辺の藩の一揆や藩内の攘夷派残党に対する明治政府の疑惑を憚って、辞職を願い出た。この願いは1871（明治4）年の廃藩置県後、許可された。護久が藩政を投げ出すと護美も大参事を辞任した。明治政府は1873（明治6）年、熊本県庁（当時は白川県庁）を統制するため、安岡良亮を送り込んだ。県庁に留まっていた小楠の弟子は下野したり政府の官僚として転出したりした。知事以下の役人からなる上院と一般から選出された議員からなる下院という二院制議会の創設や役人の公選制などの計画は実現しなかった。

　民生を重んじる小楠の志を継ぎ、時には協力し合って熊本の殖産興業に力を尽くす者が、小楠の私塾から輩出した（花立 2013：25-26, 229-230）。例えば、豪農出身の河瀬典次は維新前から諸国の物産を調査し、信州・上州などの先進地域に学び、養蚕、機織、製茶などの分野での殖産に尽力した。儒医を父とする長野濬平は、1869（明治2）年以降養蚕業を志し、甲武上信地域に赴いて養蚕を熱心に学び、帰郷後に、製糸業の会社を始めた。災害で何度も閉鎖に追い込まれながらも、苦心の末製糸会社を軌道に乗せた。藩士出身の嘉悦氏房は白川県権参事を辞した後、養蚕を手がけ、長野が同志と設立した緑川製糸場の社長にもなった。豪農出身の竹崎律次郎は製茶、養蚕、西洋の果樹や野菜の栽培、牧畜業などを試みた。

## 4　福井藩における改革運動への関与

　小楠が福井藩に関わるきっかけは、1849（嘉永2）年の福井藩士三寺三作の来訪である。三寺は藩主の松平春嶽に、全国を巡り藩校教授に適任の朱子学者を探すように命じられていた。この縁で小楠は1851（嘉永4）年、西国遊歴の途中、福井藩も訪れ、藩士や儒者と交流して意気投合した。交流は遊歴後も続

き、特に儒者の吉田悌蔵（東篁）やその弟の岡田準介から藩政や学問に関する見解を求められた。それに答える過程で小楠は自らの思想を深めていった。

春嶽は三寺から届けられた小楠の詩文を読んで招聘を決意し、熊本藩主の細川斉護に申し入れた（松浦 2000：145-153）。小楠は藩校の教師として招かれることになり、1858（安政5）年3月福井に赴いた。福井藩は小楠に対して、思想と政策論を確立し、福井藩政だけでなく国政にまで影響を及ぼす飛躍の機会を与えた。小楠が福井藩の改革にどのように関わったかをみてみよう。

小楠が招聘された当時の福井藩では、すでに春嶽が改革を始めていた。春嶽は徳川家の御三卿の一つである田安家に生まれ、11歳の時に越前松平家の養嗣になり、藩主の死去に伴い第17代福井藩主になった。16歳で初入国し、その翌年には財政立て直しに着手している。春嶽は水戸藩主の徳川斉昭を敬慕し、その治政を範とした。改革派藩士の中根雪江らの協力を得て、門閥層の家老の多くを次第に退け、中下級武士を登用して改革を進めた。

春嶽は藩士に節倹を求め、西洋砲術の採用などの強兵策を推進した。製造方を設置し、武器生産や物産の試験生産を行った（高木 2005：28-29）。藩士の風儀を正すため、1855（安政2）年藩校明道館を設立した。翌年には、適塾で蘭学を学んだ藩士の橋本左内を江戸から福井に呼び寄せ、明道館の改革を任せた。

1857（安政4）年、将軍後継問題が起きると、左内は江戸に呼ばれ、春嶽に命じられて、春嶽が推す一橋慶喜への支持を取り付けようと奔走した。

藩士の長谷部甚平、三岡石五郎（八郎）、佐々木権六らは製造方や明道館などの組織の運営に携わる間に経験を積み、有能な官僚として重用されるようになった。

藩校の教師になった小楠はまず講学を通じて、藩士に浸透していた水戸学の影響を取り除こうとした。小楠は水戸学に見られる、神道への傾斜、天皇を批判の対象外に置く傾向、節倹主義や軍備拡張論などに批判的だった。藩政改革については、その重心を軍備充実から民生、特に殖産興業に移させた。

小楠の指導のもとに、長谷部や三岡は、藩役人が商人と共同で産物会所を運営し、無利子金銭貸付や運搬用荷車の貸与などによって、領民による生糸、茶その他の生産や商業活動を積極的に奨励し、会所がその生産物を買い上げて他

## 第6章　横井小楠の思想はどのような社会的条件で生かされたか

藩や外国に売る仕法を行った（山崎 1938：33-34、348-349；本川 2002：55-59）。生糸などの貿易のため、三国湊の問丸に特産物を扱わせたり、横浜、長崎などに特産物を扱う商家を置いたりした（本川 2008：69-82）。また薩摩藩との貿易も進められた（高木 2005：140-152）。産物会所による販売や藩営の商家を通じた貿易は試行錯誤の連続だったが、成果も上がった。責任者の三岡は1859（安政6）年長崎でオランダ商館に生糸を売って25万両、その翌年には45万両の利益をあげたと述べている（由利 1940：96-97）。外国貿易による利益の詳細はこれまでのところほとんど分かっていない。

　1860（万延元）年、小楠は藩の施政方針として『国是三論』を口述し、銭穀の無利子貸与による産業の活性化、民衆の生活向上を図る殖産興業論、開国の不可避性を前提とする海外貿易推進論、将来幕府が創設する海軍に役立つ水兵の養成、民生に励む藩士の育成などを提言した。『国是三論』は幕府については、諸藩に重い軍役や土木事業を課して最終的には民衆を苦しめており、幕政は徳川家のための「便利私営」になっていると厳しく批判している。

　春嶽は1858（安政5）年に、日米修好通商条約の違勅調印に対する抗議行動の責任を問われて、隠居・急度慎（きっとつつしみ）の重い処分を受けていた。翌年安政の大獄が始まり、左内は捕縛され、その次の年に処刑された。春嶽は1862（文久2）年4月に、謹慎を解かれて政治の世界に復帰し、隠居の身分で藩政も指導するようになった。同年7月幕府から政事総裁職への就任を要請されると、小楠を江戸へ呼び寄せた。小楠は春嶽を助けて幕政改革に取組み、貢租や労役という形で民衆の負担にもなっている参勤交代の大幅緩和などを実現した。

　1862（文久2）年12月、小楠は熊本藩士との会合中、刺客に襲われ、その始末により熊本藩に断罪されそうになった。そこで春嶽は小楠を福井に帰した。

　当時、朝廷は幕府に攘夷を激しく迫り、幕府は進退窮まっていた。春嶽は上洛して朝廷と幕府の間を取り持とうとしたが失敗し、1863（文久3）年3月帰藩した。将軍家茂はついに攘夷を奏上してしまう。小楠は鎖国や開国かなど日本の国是が確定していないために、外国との対立が深まるのを懸念した。そこで、春嶽が、藩主を継いだ松平茂昭とともに藩兵を率いて再び上洛し、攘夷派を抑えて京都の治安を回復し、将軍・関白以下諸侯の前で、在留の外国代表と日本代表が討議して国是を確定する国際会議を開催するという計画を立てた

(山崎 1938：417；高木 2005：112-121)。小楠の周囲の藩士も賛成して準備は進み、もうすぐ進発するところに至った。そこに幕府から藩主への参勤要請があり、さらに京都から戻った藩士の村田氏寿は今にわかに上洛すべきではないと申し立てた。結局春嶽は出動を中止した。この「挙藩上洛策」を進めた藩士の多くは処分され、小楠は熊本に帰った。

　明治維新後、藩の実務官僚の三岡八郎、長谷部甚平、佐々木権六は明治政府に登用された。三岡は新政府の財務担当者になり、「五箇条の誓文」の起草にも関わった。佐々木は製糸業などの技術指導にあたった。長谷部は岐阜県令になった。由利公正と名を改めた三岡は、1871（明治4）年に一時福井に帰り、藩知事の諮問を受けて藩政の大綱を上申し、民間産業の育成を唱えた（三上・舟澤 2001：144-154)。1873（明治6）年、福井で平民による起業が自由になると、人々は蚕糸業などの会社を創業し始めた（本川 2015：34-36)。当時の福井県庁も産業の育成に努め、明治20年代には絹織物業が盛んになり、その後羽二重の生産で日本をリードし、輸出も行うようになった。

## 5　小楠の思想が生かされるかどうかを決定した社会的条件

　小楠は、藩主の意向や藩内の党派争いによる改革運動の挫折や処遇の変化を経験する中で、為政者選抜の慣例や為政者のあり方に関心を持ち続けた。本節では、小楠の思想が生かされるかどうかを決定した社会的条件を、熊本、福井の両藩主と小楠との関係、幕末の将軍継嗣問題に関する小楠の漢詩、その社会的背景をなす将軍や大名の相続の慣例に基づいて考察したい。

### （1）　小楠と二人の藩主

　熊本と福井における小楠の政治活動を見ると、最終的には二人の藩主の意志に左右されていることが分かる。熊本では藩主細川斉護は長岡監物を二度文武教育の責任者に任命したものの、対立する藩主流の松井派の意向に従い、解任した。藩の安泰を重んじた決定と考えられる。藩主であっても松井一族には逆らえなかった。小楠は監物を助けて藩政改革を進めようとしたが挫折した。

　斉護が理想とした為政者は、人材を登用して財政を立て直し、時習館を創立

した第6代藩主の細川重賢であった（池邉・池田 1903：2、4-5）。小楠は20代には重賢による人材の抜擢を称賛していたが（野口 2011：384-385）、朱子学を学び直すと、民衆に重い負担を課したと批判するようになった。

　福井では、藩主松平春嶽が小楠を高く評価し賓師として藩校に招いた。春嶽は小楠を招く以前、水戸学の影響を強く受けて、節倹政策、軍備の近代化、藩士の風儀の刷新に努めていた。小楠は福井に赴くと、藩士に経書や熊沢蕃山の著書を講学しながら、民生を重視する思想を教え、春嶽や左内に育てられた有能な藩士の助けを借りて殖産興業を進めた。その結果、長崎における福井産生糸の販売などで相当な利益を挙げることができた。

　小楠は江戸に呼び寄せられ、幕政改革に取り組んだが、刺客に襲撃された後福井に戻された。1863（文久3）年の春、小楠は挙藩上洛策を立案した。上洛策は決行寸前に春嶽によって中止させられた。春嶽が計画を中止したのは、不穏な動きがある京都に上洛すれば、かなり危険な状況におかれ、藩の存立が危うくなることを恐れたためと考えられる。当時の最も開明的な藩主の一人であった春嶽も最終局面では、福井藩の存亡に関わる冒険を冒すことはできなかった。一方、小楠は対外戦争を回避して日本の独立を確保するには、京都の治安を回復し、国際会議を開いて日本の国是を確定しなければならないと考えていた。小楠には一藩の存続よりも戦争の回避と日本の独立の確保の方が重要だった。

　翌年の1864（元治元）年2月、春嶽は藩主茂昭への書状の中で（日本史籍協会編 1988：425-428）、小楠について、国家を治めることができなければ君であっても君ではなく、君を蟄居させて養子を迎え新しい君に変えてもよいという思想は危険であると述べている。ただし、藩の施政方針である『国是三論』は維持すべきだと付け加えている。

## （2）　小楠と将軍継嗣問題

　まず、小楠が春嶽によって招聘される前年の1857（安政4）年春に詠まれた「沼山閑居雑詩」の一首を引用しよう（野口 2011：181-182）。

　人君何ぞ天職なる、天に代わりて百姓を治むればなり。

天徳の人に非ざるよりは、何を以て天命に惬わん。
堯の舜に巽る、是れ真に大聖為る所以なり。
迂儒此の理に暗く、以えらく之れ聖人の病と。
嗟乎血統の論、是れ豈に天理に順ならんや。

　この漢詩が詠まれたのは、将軍継嗣問題が浮上した1857（安政4）年春である。これは第13代将軍徳川家定に継嗣がいなかったため、二派が後継を巡って争った事件である。彦根藩主の井伊直弼ら譜代大名や家門大名の一派は、紀州藩主であった当時12歳の徳川慶福（のち家茂）を推し、徳川斉昭、松平春嶽、島津斉彬ら家門・外様大名の一派は、斉昭の七男で一橋家の養子になっていた一橋慶喜（当時21歳）を支持して、それぞれ他の大名や公家、大奥に働きかけた。血統の点では紀州藩の徳川慶福の方が有利だった。

　このような時代状況を考えると、前掲の漢詩は将軍継嗣問題を念頭に置いたものと考えられる。小楠は一橋慶喜を高く評価しており、血統で将軍を決めてよいものだろうかと訴えているのである。

　漢詩の典故は、『書経』夏書篇に描かれている、夏王朝以前の神話的皇帝の堯から舜へ、さらに舜から夏の始祖の禹へと、血統ではなく徳と能力により天子の位が禅譲された物語である。『書経』夏書篇の堯、舜、禹を巡る様々な物語は、小楠にとって理想政治のイメージの源泉となり、藩政や幕政改革論の中で、徳と能力による為政者選抜、君臣間の隔てのない討論、全国からの人材登用、民生のための地方巡回、治水や殖産事業などを提案する時に引用されている。

　前述の漢詩は攘夷論者によって、小楠を廃帝論者と、つまり天皇に統治能力がない場合は天皇を退位させるべきだと言う思想の持ち主とみなす材料の一つにされた。このことは小楠が暗殺される遠因の一つになっている。

## （3）　江戸時代における将軍や大名の御家相続の慣例

　江戸時代において、将軍や大名の職の継承は世襲が原則であった。将軍家で嫡男による相続が原則になったのは三代将軍家光の時からである。家康は徳川一門の血を絶やさないように御三家を創設した。御三家の一つである紀伊家出

身の八代将軍吉宗は新たに御三卿を置いた。将軍家に男子がいない場合には、御三家、御三卿から養子をとることになる。その際には必ずしも家格の上下によって決まったわけではない。将軍の意志は重んじられたが、大奥や大老・老中などの幕閣の意向が大きく影響する場合もあった（大森 2004：12-30；大石 2013：4 - 7、14-17）。大名職の場合も嫡男の相続が原則である。大名に男子がいない場合には養子も認められた。幕府や家臣が介入することもあった。将軍や大名になった人物が統治能力や徳性をもっているという保証はなかった。

　幸い有能な人物が将軍や大名になった場合、治者としての自覚や義務感、譜代の旧臣を抑え、有能な家臣を見出して登用できる器量、状況に応じて政策を決定し実行する力などがあれば、思い切った改革を行うことができた。幕政あるいは藩政で成果を挙げた「名君」としては、徳川吉宗、徳川光圀、池田光政、上杉治憲（鷹山）などが有名である。江戸期の支配組織の専制的要素が功を奏した場合である。

　江戸社会は先例が重要な伝統主義的社会であったから、凡庸な将軍や大名でも体制が安定していた時代は乗り切ることができた。危機の時代はそうはいかなかった。特に都市でも農村でも貧富の格差が拡大し、対外的に開国に対する西洋諸国の圧力が高まる天保期以降は、見識があり有能な将軍や大名が待望される時代だった。そのような時代には世襲を原則とする御家相続のシステムは、危機への対応という点で致命的な欠陥をもつことになった。

　以上の考察から、小楠の思想が生かされるかどうかは、特に藩主の意向やリーダーシップ、主流派の上層藩士の意向に、さらに上層藩士間や藩主と上層藩士との間の力関係などに依存していたことが分かる。こうして小楠の人生は、仕える藩主やその時の主流派藩士の動向に左右されることになったのである。

　小楠の漢詩は江戸社会の急所を正確についていた。彼が『書経』の禅譲論に共鳴し、徳と能力による将軍職の相続を促したのは強い危機意識に由来しよう。

## 6  おわりに

　小楠は熊本で長岡監物に協力し、2度にわたり藩校の教育の面から改革を試みた。支配層である藩士の教育はすぐれて政治の問題であったため、藩の主流派は激しく抵抗した。藩主細川斉護は藩の維持を優先して主流派に組し、改革の試みは挫折した。遊学からの帰国後、小楠は朱子学を学び直して仁政の実践を目指すようになり、重税と災害などによる領民の生活苦に目を向けた。30代前半、幕末の日本で、『書経』に描かれている古代中国の理想政治の実現を目指すという思想を形成した。小楠の思想は、名君とされる細川重賢を尊敬し、藩の維持を最優先に考える当時の藩主の考え方とは相反するものだった。

　小楠はもともと古今の為政者の行動に興味をもっていた。藩政改革で挫折した経験は為政者のあり方や選抜に関する関心を強め、治乱を左右する為政者の一心のあり方を問うようになった。

　43歳の時に行った遊歴の途上、福井藩士や藩儒と交流した。その後福井藩士の様々な質問に回答する中で、堯や舜のような古代中国の賢帝の「気象」を身に付け、己を修め、君臣間で自由に討論して政策を決定し、日本が置かれた内外の情勢に即しつつ仁政を実践するという思想を確立した。

　開明的な福井藩主松平春嶽に見出されて藩校の教師になった小楠は、藩士と講学しつつ殖産興業を指導した。その際には、春嶽の藩政改革の中で育った有能な実務家の賛同と協力が得られた。藩は特に生糸貿易で相当な利益をあげた。小楠は政治理念とそれまでの活動の経験に基づき、藩の方針として『国是三論』を口述した。

　福井藩での小楠の改革がかなり成果を挙げたのは、赴任以前に、藩政改革を行っていた春嶽が登用した優秀な実務官僚が協力してくれたこと、さらに小楠が推進した産業の振興策や貿易政策が開国後の社会情勢に適していたことなどによっている。これに対して、熊本では藩主と藩主流派が藩の安泰を図ったことが改革の妨げとなった。小楠の夢は維新後、藩知事の交代により弟子たちによって一部実現されたが、改革の途上で明治政府によって潰されてしまったのである。

【参考文献】
池邉義象・池田末雄編（1903）「細川斉護卿小伝」細川斉護著『陽春集』所収。
大石学（2013）「将軍家の歴史」『徳川歴代将軍事典』吉川弘文館。
大森映子（2004）『お家相続――大名家の苦闘』角川書店。
鎌田浩（1998）『熊本藩の法と政治』創文社。
新熊本市史編纂委員会（2001a）『新熊本市史　通史編　第三巻・近世Ⅰ』。
―――（2001b）『新熊本市史　通史編　第五巻・近代Ⅰ』。
高木不二（2005）『横井小楠と松平春嶽（幕末維新の個性）』吉川弘文館。
戸川芳郎・蜂屋邦夫・溝口雄三（1987）『儒教史（世界宗教史叢書10）』山川出版社。
日本史籍協会編（1988）『續再夢紀事二〔覆刻再刊版〕』東京大学出版会。
野口宗親（2011）『横井小楠漢詩文全釈』熊本出版文化会館。
花立三郎（2013）『横井小楠の弟子たち』藤原書店。
松浦玲（2000）『横井小楠――儒学的正義とは何か〔増補版〕』朝日新聞社。
三上一夫・舟澤茂樹編（2001）『由利公正のすべて』新人物往来社。
源了圓（2013）『横井小楠研究』藤原書店。
村田氏寿（1940）『関西巡回記』三秀社。
本川幹男（2002）「幕末期福井藩の殖産興業策について――産物会所の成立を中心に」『福井県地域史研究』11号。
―――（2008）「幕末福井藩の他国交易について――横浜・長崎・下関における」『福井県地域史研究』12号
―――（2015）「勝山製糸業の成立と展開――幕末から明治期にかけて」はたや記念館ゆめおーれ勝山『世界にとどけ！　勝山シルク――勝山製糸業と官営富岡製糸業』所収。
―――（2017）「幕末期福井藩の殖産興業策と財政について」『若越郷土研究』61巻2号（303号）。
元田竹彦・海後宗臣編（1969）『元田永孚文書　第1巻自伝・日記』。
山崎正董（1938）『横井小楠　下巻　遺稿篇』明治書院。
由利正通（1940）『子爵　由利公正伝』岩波書店。

## 第7章

# 行政広報研究に見る行政と市民との関係形成の変遷
―― パブリック・リレーションズの視点から

太田　美帆

## 1　はじめに

　行政活動は市民の生活に直結するが、日本では1990年代以降、行政活動における市民と行政のパートナーシップの確立が政治的、社会的課題となった。その実現のためには、行政と市民の関係を従来の上下関係から対等な関係へと変化させる必要がある。しかし多くの場合、上下関係の構造は変化していない。

　本章では日本の地方自治体の行政広報に着目して、行政広報研究にあらわれるパブリック・リレーションズの考え方の変遷をたどる。なぜなら行政広報は行政から広く人々に対して行われるものであり、行政がイメージする市民と行政の関係があらわれるからである。また地方自治体の広報のあり方は、広報主管部局を対象とする研修や出版物、広報誌コンクールなどの影響を受けているが、第二次世界大戦後、広報研究者はそれらに携わってきたからである。

　行政広報研究にあらわれるパブリック・リレーションズの考え方の変遷をたどることをとおして、戦後の日本社会において行政活動への市民の参加が重視されるようになったことを示すと同時に、行政と市民の関係がワンウェイ・コミュニケーションからツーウェイ・コミュニケーションへの移行を模索しながらも移行しきれない状態であることを示す。

## 2　行政広報とパブリック・リレーションズ

　行政広報は政府広報と自治体広報に分かれ、自治体広報はさらに都道府県広報と市区町村広報に分かれる。いずれの広報も政策の説明責任を果たすために行われ、それぞれ国の機関および地方自治体が広報の実施主体となっている。

第 7 章　行政広報研究に見る行政と市民との関係形成の変遷

　地方自治体広報はたいてい月に 1 回、冊子やミニ新聞のかたちで自治体内の各世帯に届く。地方自治体広報に掲載される記事は、国と地方自治体が協力して行う事業を周知する記事と、地方自治体が独自に行う事業を周知する記事に大別される。前者は、都道府県広報であれば高速道路や河川の整備、市区町村広報では介護保険制度やマイナンバー制度の紹介などが挙げられる。後者は、首長（知事や市区町村長）の施策の方針や自治体が独自で行っている事業を周知する記事が挙げられる。後の議論ともかかわってくるが、地方自治の観点から見ると、第二次世界大戦後の多くの時期は地方自治体が国の事務を委任されていた時期であり、記事は前者の割合が多かった。近年は後者が増えている。
　こうした日本の地方自治体の行政広報は、第二次世界大戦後の1947年に連合国軍最高司令官総司令部（GHQ）が都道府県にパブリック・リレーションズ・オフィスを設置するよう奨励したことから始まる。上野によると、アメリカ合衆国では独立宣言の直後から、行政機構が国民に情報や政府の目ざすビジョンを提供することによって、政府への支持の基盤を整える試みが始まった。そしてその試みは米国流の民主主義と資本主義経済のもとで「パブリック・リレーションズ」という政策として20世紀初頭のアメリカ合衆国で根づいたという（上野 2003：120-121）。上述のパブリック・リレーションズ・オフィスは、政策にかんする正確な資料を都道府県民に提供することによって、人々が自ら政策を判断し、人々が自由な意思を発現させるようになることを目的としている（上野 2003：121）。
　日本ではパブリック・リレーションズ（P・R）という考え方が導入された後、時代に合わせて研究を深めながら地方自治体広報は発行されてきた。パブリック・リレーションズは後に広報と訳されるようになったが、当初は、公衆関係と訳されていた。GHQ が中央の各行政機関と各都道府県庁にパブリック・リレーションズ・オフィスを置くように示唆したとき富山県庁でその業務に携わり、後に人事院広報局に移って実務面から全国の行政広報に影響を及ぼした樋上亮一は、パブリック・リレーションズを以下のように定義する。

　　「P・Rとは、
　　　個人なり、官公庁なり、企業体などという主体が、

第2部　社会の変化を創り出す

それぞれの主体をめぐる各種の公衆の意見や態度を判断して、
その政策、サービス等が社会公衆の利益に合致するよう自ら是正改善し、
また、対外的にはあらゆる表現を通じて絶えずこれを説明することにより、
公衆の好意と理解とを増し、信頼と協力を得ようとする、
計画的かつ継続的な活動である。」(樋上 1951：8-9)

　この定義は、①社会公衆の利益に合うような政策やサービスへの改善と実施、②そのような政策やサービスを行っていることを広く一般に知らせることという2つの要素から成るという。そして、樋上によると、②が「公衆に対する広報」であり、それをインフォメーションと呼んでいる(樋上 1951：10)。また樋上はP・Rのもう1つ別の要素として公聴（パブリック・ヒヤリング）を挙げる。これは公衆と結び付いた民主政治を行うために、国民の要求を吸い上げる活動であり（樋上 1951：75-77）、上述の定義では③主体をめぐる公衆の意見や態度を判断する活動がそれに相当するであろう。樋上によると、一般的にはパブリック・リレーションズ・オフィスは広報室と名づけられたが、富山県では、公聴を中心に進むことがより民主的という信念から、パブリック・リレーションズ・オフィスを公聴室と名づけたという（樋上 1951：81）。
　パブリック・リレーションズは日本の民主化を実現するために導入されたが、その際に念頭に置かれていたのは封建制からの脱却である。樋上によると、日本社会の縦一線につながる「主従関係を仲間関係（Fellowship）におきかえ、縦の統率関係を横の協力関係におきかえる」（樋上 1951：25）ことが重要であるという。上下間の絶対服従や絶対支配の習慣を崩すためには、国民に「知る権利」を自覚させることが必要であり、そのために行政は積極的にパブリック・リレーションズを実践する必要があるという（樋上 1951：24-25）。そのため、「ほんとうに民意を反映したよい政治が生れ」るためには、「官公庁は『知らせる義務』を負う」という（樋上 1951：121-122）。以下にみるようにパブリック・リレーションズの具体的内容は時代により異なるが、それは行政と市民の関係形成をあらわしており、行政広報はその主要な活動の1つと言える。

## 3　戦後の行政広報——上意下達から協力関係の形成へ

　社会学者の小山栄三は、戦前・戦中から戦後にかけてプロパガンダ、広報、世論、マス・コミュニケーションなどの研究を行い、厚生省人口問題研究所や文部省民族研究所、内閣情報局、国立世論調査研究所、全国広報協会などをとおして国の政策にも関係した。彼は戦後、行政広報の研究で先駆的な業績を上げた（大石 1998：473-477）。

　マス・コミュニケーション研究の立場から、小山は、広報は「新しい社会関係の設定」（小山 1954：64）であると言う。たとえば新聞、雑誌、テレビ、ラジオなどで同一の記事や番組を読んだり、視聴する人々は、たとえ互いに顔を合わせていなくても同じような意見を持ち、同じような行動をする（小山はこのような人々を公衆と呼ぶ）。マス・コミュニケーションは社会的事実や意見を読者に伝える機能だけでなく、それらを伝えることにより人々の行動を意識的にまたは無意識的に統制する政治的機能をもつ（小山 1954：158）。広報の効果は命令の効果と似ているが、命令が権力関係にもとづくのに対し、広報は自由意思にもとづく点が異なる。戦前は政府の広報は「プロパガンダ」「宣伝」と呼ばれ、情報の一部は隠ぺいされていた。しかし小山が戦後に行ったマス・コミュニケーション研究としての広報研究は、情報開示を含めて、情報の送り手と受け手の間のあるべき信頼関係と協力関係を目ざすものであったと言える。

　地方自治体にとっては、広報を通じて、いかに人々の社会的行動を調整、支配できるかが問題であり、広報の目的は民衆との協力関係の形成である（小山 1954：322）。そのためには、地方自治体はその目的、意図、活動が社会で十分に理解されている必要があり、人々からの理解は健全なパブリック・リレーションズを通じて獲得することができる（小山 1954：324）。

　その後、行政学の立場から井出嘉憲が行政広報に関する研究を進めた。小山がマス・メディアの1つとして広報をとらえていたのに対し、井出は、行政機構がもつ制約を考慮に入れて広報のあり方を考えていた。具体的には、1つは、行政と地域住民組織の上意下達－下情上通の関係を制約ととらえ、それを克服すること。もう1つは、中央政府と地方自治体の予算と機関委任事務に縛

られた中央集権的な関係を制約ととらえ、それを克服することである。また、彼は政策プロセスのなかに広報・広聴をいかに埋め込むかについても考えた。

井出は、1950年代の市区町村のパブリック・リレーションズを近代型と伝統型に分けている。近代型は、行政機構内でパブリック・リレーションズを担当する広報課とは別組織である広報委員会が市区町村広報の編集を担当するケースである。委員は域内の商工会議所や労働組合、農業協同組合などの各種団体の代表者や地区代表者、学識経験者などであり、顧問として市長、助役、地方議会の正副議長が加わる。広報委員会は施策情報を市民に伝え、市民の考えを行政に伝え、施策に生かすことを目的にしている。これはGHQが求めた理念を体現している。

他方、伝統型は、従来の町内会や部落会を利用しているケースである。町内会や部落会は戦中に地区内での相互扶助や住民同士の相互監視の手段に用いられた組織であり、1947年にGHQによって解体された。しかし従来の部落会を基盤として任命された連絡員（地区の有力者）や隣組長をとおして各戸に行政からの連絡が行きわたる。このケースでは、各個人の考えを行政に伝える公式な回路が作られておらず、連絡内容は送り手である行政機構が決め（上意下達）、連絡会議で連絡員が行政に人々の実情を訴える（下情上達）という状況である（井出 1967：177-184）。

この状況を井出は、当時の日本全体に共通して見られる、形を整えたパブリック・リレーションズと間に合わせのパブリック・リレーションズという2つの型であるという（井出 1967：184）。両者を対比した場合、近代型パブリック・リレーションズの担い手である広報委員会は、伝統型パブリック・リレーションズの回路である連絡員制度のような強力な地域住民組織を背景としておらず、現実の社会制度や社会生活から遊離していた（井出 1967：186）。そのため1952年に連合軍の占領が終わり、1950年代後半に戦中の町内会や部落会を基盤とする自治会制度が普及するにつれて、広報委員会は影を薄め、広報誌の編集や公聴会も行政の担当課が行うようになっていった。こうして、行政と市民の間の情報のやりとりは、市民からなる委員会ではなく、行政機構の内部に吸収されていった（井出 1967：187-188）。

なお戦後、GHQによって導入されたパブリック・リレーションズが占領軍

の撤収後にも存続した理由を井出は4点挙げる。これらの理由には、行政活動に内在するものとしてパブリック・リレーションズを意義づけているという特徴がある。それと同時に、これらの理由は市民あるいは地域にとって行政の存在感が高まっていることを示している。

第1に、教育・福祉や経済分野における国から地方への事務の移譲や、人口増大による地方自治体行政の膨張・複雑化により、住民との接触、つまり文字どおりの「公衆関係」なくして行政を成し遂げることができなくなった点。第2に、昭和の町村合併と都市化により、住民と行政の距離が離れ、自然村が不安定化したため、新たなコミュニケーションの回路が必要となった点。第3に、所得倍増政策や国土総合開発計画の枠組みの中で「開発」の名のもとで村づくり、町づくりが求められるようになった結果、その説明のために地域住民と自治体の間で新しいコミュニケーションの媒体が必要とされた点。第4に、地方自治体の基本姿勢が、戦後、国の下請け行政から、住民に奉仕する行政へと転換するよう求められているため、自治体の運営責任者は住民との結びつきに無関心ではいられなくなった点である（井出 1967：145-147）。

しかし他方で日本の行政機構の問題点とからめてパブリック・リレーションズの問題点も指摘される（井出 1967：154-161）。まず官僚的パターナリズムが挙げられる。教育や経済など人々の日常生活における行政の役割が増え、人々の要求も多元化したがゆえに、住民の行政に対する苦情や要望は増大した。そのためパブリック・リレーションズ活動においては、広報だけでなく公聴の重要性が高まった。しかしパブリック・リレーションズを行うのは広報主管部局であるという意識が強く、縦割りセクショナリズムのもと職員間でパブリック・リレーションズへの理解は進まなかった。そのため行政内部には広聴活動を「泣く子を起こす」活動と見なす傾向が残った。

また行政は地域社会との関係のなかで存在するため、地域の存在を無視することができない。たとえば自治体広報は地域住民組織が配布することを前提しているなど、地域に依存している。前出の近代型／伝統型パブリック・リレーションズの議論からは、地域と行政との間の持ちつ持たれつの関係のなかで上意下達の慣習が温存されることに対する井出の批判が想像できる。

以上のように、第二次世界大戦後、行政活動を進めるうえで人々からの理解

が重要であるという考え方が導入され、行政にとってもパブリック・リレーションズは内在的に必要なものとなったものの、市民と行政の関係は行政からの情報提供というワンウェイ・コミュニケーションにとどまったことがわかる。

次節では1970年代以降、人口移動や経済成長による生活の多様化、あるいは公害問題など産業化の負の影響にともなって、人々から行政に対する要求や異議申し立てが高まった時期を検討したい。

## 4　豊かな時代の行政広報──政策への民意の反映の模索

マス・コミュニケーション研究をベースに広報を研究していた小山栄三は、1975年にそれまでの広報や世論、マス・コミュニケーションにかんする研究を再構成し『行政広報入門』を出版した。第二次世界大戦直後は戦前、戦中の政府のプロパガンダとの違いから行政広報について論じていたのに対し、1970年代は変化する社会や生活を背景に行政不信を示す住民との関係や、戦後の行政のあり方としての住民自治との関係で行政広報を論じている点が特徴である。

行政から住民に情報を伝え、住民から情報を得て施策に生かすという従来の広報の2つの役割に加え、1970年代には情報検索的機能（小山 1975：127）が広報に求められているという。それは、「現在、地域社会においては、住民の側に世代間の意思の断絶、政治の多党化、核家族の増加、出生率の低下、物価騰貴、大気汚染等種々の問題が急テンポで発生」（小山 1975：128）し、その結果、住民の生活行動や社会意識が複雑化、細分化し、行政側は「在来の行政的経験や勘は、行動の指針としては役に立たず、情報システムの確立がいっそう必要になってきた」（小山 1975：128）ためである。これはパブリック・リレーションズにおいては公聴の重視につながる。

高度経済成長後、農業から工業への労働力移動や都市への人口移動にともなって各地の地域社会でコミュニティ形成が課題となった。またこの時期は、大量生産・大量販売体制に移行した一方で、公害問題や消費者問題が多発し、住民運動が盛んになった時期でもある。そのような状況下で、地域の生活問題の解決と住民運動への対応を図りながら、コミュニティ形成が図られることに

なったのである。実際、この時期、公聴活動が盛んになったことが広報誌にあらわれている（太田 2010）。

　小山によると、1967年の都道府県広報広聴職員講習会において住民運動への対応が検討され、「広報担当者は住民運動に対し手を結ぶことを積極的に考えるべきである」（小山 1975：137）との結論を得たという。そうして、「市民不在といわれた市政を住民運動を通じて推進し、新しい市民意識を醸成しようとする市政民主化の路線を目ざすキャンペーンの中心として、多くの自治体では広報部局が担当することとなった」（小山 1975：135）という。

　このように1970年代になると住民運動や市民運動の高まりを受けて、情報提供や公聴をとおして民主化を目指すという行政広報の目的があらためて現実的な問題としてクローズアップされ、行政広報研究に行政過程への住民参加という視点が入り始めた。ではそこでは行政と住民の関係はどのようにとらえられているのだろうか。

　まず住民の意思決定（decision-making）への「参加主体としての積極的、自発的な意思」（井出 1976：306）が意味をもつと考えられた。そして意思決定の権限をもつ決定主体と、意思決定に影響を及ぼそうとする参加主体が、異なる立場から対立や競争をとおしてかかわりあいながら、最終的に意思決定の共同主体として位置づけられることが理念として目ざされた（井出 1976：307-308）。

　しかし、住民と行政は立場が異なる以上、動きのベクトルは異なる。参加を求める人々の動きが「一部を担う」という意味合いをもつ take part in/ participation という言葉で表現されたのに対し、参加を行政過程に取り入れるための行政側の努力は、「巻き込む」という意味合いの involve(-ment) という言葉で表現された（井出 1976：344）。つまり、「住民・市民運動の圧力にさらされた行政は、包摂（involvement）の努力を通じて、参加課題を受け止めよう」（井出 1976：345）としたと言える。

　参加方式の改善・改革に対する行政側の関心は、対話集会・モニター・世論調査をふくむ広報・公聴活動、住民代表が参加する委員会や協議会の設置など全国的にさまざまな実験的試みとしてあらわれた（井出 1976：350）。

　政策形成や行政過程における意思決定に人々が参加するという視点は、行政を機構や制度としてとらえるのではなく、政策や制度の形成および施行の過程

としてとらえるという新しさをもたらしたが、広報研究上は異なる立場の参加を可能にすることよりも、決定主体である行政が参加主体をいかに行政過程に位置づけるかが問題とされたと言えよう。

　1990年代になると、地方自治体は地方分権推進の動きからの影響を受けるようになる。1996年3月に公表された地方分権推進委員会の中間報告では、地方自治体と中央政府を上下・主従関係に置いている国の機関委任事務制度の廃止が提案された。これは、高度経済成長期に発展・膨張した行政活動にともなう事務量の増大、通達行政の濃密化、補助金行政の拡大に歯止めをかけ、「旧来の『中央省庁主導の縦割りの画一行政システム』を、地域社会の多様な個性を尊重する『住民主導の個性的で総合的な行政システム』に変革」（地方分権推進委員会事務局 1996：36）しようとする動きである。それにより、「地方公共団体はこれまで以上に、その政策形成過程への地域住民の広範な参画を要請し、行政と住民・関連企業との連携・協力による地域づくりとくらしづくりに努め、地域住民の期待と批判に鋭敏かつ誠実に応答する責任を負うことになる」（地方分権推進委員会事務局 1996：38）と指摘されている。この流れのなかで「住民と行政のパートナーシップ」、「官民協働」、「民意の反映」などが地方自治体行政を考える上でのキーワードとなっていった。

　行政機構における政策の形成、決定、遂行を、住民をはじめとする利害関係者（ステイクホルダー）とのコミュニケーション過程としてとらえる見方は1970年代にも行われていたが、1990年代以降はより一層重視されるようになった。これは地方自治体の2つの役割、つまり住民の福祉向上のための財やサービスの生産・供給機能と意思決定機能のうち、後者がますます重視されるようになったことをあらわす。

　しかし実際の行政広報では、サービスや給付のための情報提供が優先され、意思決定機能にかかわる情報発信の比重が小さい（上野 1997：7）。そこで上野は政策プロセスを行政と市民や地域社会、産業とのコミュニケーション過程としてとらえ、一連のプロセスを政策問題の確認、アジェンダ設定、政策案生成、政策案選択、政策実施、政策評価などに分節する。そして各段階での行政と住民との対話の必要性を示唆し、従来は審議会に委ねていた政策評価をこの対話型政策過程に組み込むことにより、「住民の自覚と責任の向上を促し、行

政と住民の緊密な関係が必然となる」(上野 1997：12) ことを目ざした。対話型政策過程で必要とされる「情報の受信・発信機能」が今後のパブリック・リレーションズとしての行政広報に必要とされる役割である。

同時期にプロデュース型行政が提唱された。提唱者である本田は、従来はたとえ住民参加が行われるとしても、それはあくまでも行政主導の計画策定にもとづくプラン型行政であると考え、プロデュース型行政では計画の策定段階から実施段階にいたるまで住民と行政の共同作業を行い、その過程で行政はなんらかの成果を予測して仕掛けや誘導を行うとした。その仕掛けや誘導の役割を果たすのが広報であり、そのためには広報主管部局には企画能力が求められるという (本田 1995：73-74)。ここでの企画能力は、「行政一般の有効性発揮のタイミング、庁内調整、業績評価などをある程度なしうる能力をもち、さらに住民を行政の局面に誘導する才幹と包容の力量である」(本田 1995：74)。

本田は、広報主管部局が「外部指向性」を発揮して住民に情報を公平に適時に提供することで、住民と行政が上意下達の関係ではなく「平等・並行な関係」を築くことを目ざした。それに加え、広報主管部局が全庁的な立場から広報を行う組織的基盤を準備できれば、行政広報が本来もつパブリック・リレーションズの役割を果たすことができると考えた (本田 1995：76、90-92)。

豊かな時代に入り、地域住民の生活ニーズの多様化を受けて、1970年代にパブリック・リレーションズの新たな役割として情報検索的機能が提起され、それは公聴としてあらわれた。その後、1990年代に地方自治体の地方自治能力がさらに求められるなかで行政広報研究が行政過程研究とより近づいたことから、地方自治体にとって住民の行政活動への参加がより重視されてきたことが分かる。またパブリック・リレーションズを行ううえで、行政と住民との関係だけではなく行政機構内での広報主管部局の影響力も重要であると考えられるようになってきたことが分かる。

## 5　21世紀の行政広報——新しい関係づくりを

2000年の地方分権推進一括法の施行によって国の機関委任事務が廃止されたことにより、「自治体の事務事業は質、量ともに変化した。自治体における広

報広聴活動もまたその守備範囲が変容した」（上野 2003：125）。

　分権型社会では地方自治体職員の政策形成能力が重視される結果、従来にも増して公聴活動による住民の意思の収集・分析が求められるようになったのである（上野 2003：141）。公聴が重視される傾向は、ボランティアやNPOによる地域活動の活発化や地方分権政策が推進されるなかで1990年代半ばから2000年代半ばまでの10年間で高まった（土橋 2008）。

　このように住民の意思を汲もうとする傾向が高まったものの、その後、自治体経営に企業マーケティングの考え方が導入される傾向とともにパブリック・リレーションズのあり方は変化した[2]。従来の行政広報研究が主に社会学、政治学、行政学を基礎に行われていたのに対し、2000年以降は経営学を基礎とする研究が増える傾向にある。

　背景には地方分権化の過程で生じた都市間競争という認識がある。少子高齢化にともなう生産年齢人口の減少と従属人口の数・割合の増加により、行政サービスの維持と行財政の効率化のため地方自治体の平成の大合併が1999年から開始された。その後、2002年の閣議決定で「地方でできることは地方で」という方針のもとで財政の三位一体の改革を進めることが決まり、地方自治体にとっては補助金が減り、独自性が求められる流れが強まった。東京一極集中と言われるように、ごく一部の地域を除いて、多くの地方自治体では少子高齢化が進むなか、住民に満足度の高い行政サービスを提供するため、あるいは基本的な行政サービスを維持するため、各自治体が人と企業を誘致する動きが活発化した。

　その動きはパブリック・リレーションズの面では以下のように説明される。①人口減少のもとで地方自治体は地域の生き残りを賭けて国内外から企業や交流人口や投資を獲得するための地域間競争を行うため、優れた優遇制度の設計とともに、その広報・マーケティング活動が必要となっている。②自治体の政策や組織活動に対する住民の意識や関心が高まっているため、地域住民からの支持、信頼、人気を得ることが自治体の存在や政策の遂行にとって重要となる（北村 2008：4）。

　これは地域住民をはじめとする利害関係者を意識して自治体行政を行うという点で従来の行政広報の議論の延長線上にあるが、広報の受け手である利害関

係者が「訴求対象者」(北村 2008：9) と認識されており、そこでは住民は政策を「説く・問う・売る・守る」(北村 2008：5) ための相手であって、ともに地域をつくる相手ではなくなっている。その意味で、住民を構成員とし、住民の意思にもとづく地方自治を目ざす手段としてのパブリック・リレーションズは、再び地方自治体から住民など利害関係者へ向けたワンウェイ・コミュニケーションの要素を強め始めたと言える。

　1970年代の住民運動の時代を受けて社会学者の三浦恵次はパブリック・リレーションズが行政から住民への一方通行的な情報提供になっていると批判し、同時に、当時の広報研究を行政活動を円滑に行うための技術管理面に偏っていると批判した (三浦 1984：88)。粉川らによると、三浦は組織や団体による情報提供と情報収集の循環過程を通じて、一方通行の情報提供ととらえられがちなパブリック・リレーションズという概念をインタラクティブな関係性を前提としたパブリックコミュニケーションという概念に昇華させようと考えており、30年ほど経った現在、パブリックコミュニケーションは政策形成におけるインタラクティブな行政と市民との情報交換として一定の認知を得ているという (粉川・江上 2011：3-4)。

　しかしそれに逆行する動きもある。たとえば近年、地方自治体レベルでの新たなパブリック・リレーションズのあり方として、シティコミュニケーションと呼ばれる統合型行政広報が提起された (鈴木 2015：114-122)。それは「コミュニケーション」と銘打たれているものの、従来、広報、福祉、観光など行政組織の各部署が縦割りで行ってきた広報関連の施策を総合的に行うという点での担い手の統合であり、対象者を行政組織内と組織外の人々の両方や、行政区内外の人々の両方としているという点での対象の統合であるに過ぎず、広報と公聴の統合という意味ではない。内容面ではシティセールスを実現するための行政機構内での構造改革を主に提案しており、住民の意思を行政過程にいかに組み込むかという従来の行政広報研究の問題意識は薄れている。

　本章では第二次世界大戦後の行政広報研究をたどることをとおして、民主化を目ざして住民に知らせる義務と住民の知る権利の啓発に始まったパブリック・リレーションズが、1970年代には住民の行政活動への参加要求をいかに行政過程に組み込むかという問題意識に発展したことがわかった。だが現在、人

口動態の変化にともなう財政的な制約を理由に行政に行政主導で都市間競争に向かわせる研究が増加し、そこではいかに住民と行政の間のツーウェイ・コミュニケーションを確立するかという戦後の行政広報の問題意識が薄れている。

現在、戦後の福祉国家制度の前提となる政治、経済、社会意識、人口動態がいずれも変化するなかで、国家は個人に対して社会的リスクに個人的に備えることを求めつつある。同様のことは地方自治体に対しても当てはまるように見える。地方自治体は都市間競争をとおして人や企業を呼び、生き残りを図ろうとしているが、このような競争でよいのだろうか。地方分権の時代には、地方自治体が自身の置かれた文脈を変えるために中央政府との関係をつくるようなパブリック・リレーションズも必要かもしれない。

【注】
1) 小山の研究で「地域社会」という言葉が出てきたのはこの時期からである。広報の読み手は従来は「公衆」とされていたが、同時期には「地域住民（公衆）」（小山 1975：130）と併記され始めた。
2) たとえば北村は地方自治体に「"外"を意識した経営改革」（北村 2006；2008）を求める。

【参考文献】
井出嘉憲（1967）『行政広報論』勁草書房。
─── （1976）「行政と参加」辻清明編『行政学講座　第3巻　行政の過程』東京大学出版会、301-374頁。
上野征洋（1997）「自治体の政策形成とコミュニケーション機能──対話型政策過程の可能性」『広報研究』1号、5-15頁。
─── （2003）「行政広報の変容と展望」津金澤聰廣・佐藤卓己編『叢書　現代のメディアとジャーナリズム　第6巻　広報・広告・プロパガンダ』ミネルヴァ書房、120-146頁。
大石裕（1998）「小山栄三──広報学・宣伝研究の先駆者」川合隆男・竹村英樹編『近代日本社会学者小伝──書誌的考察』勁草書房、473-477頁。
太田美帆（2010）『「市民」像の変容と地域社会──兵庫県三木市の広報誌を題材に』文部科学省学術フロンティア推進事業「阪神・淡路大震災後の地域社会との共生をめざした大学の新しい役割に関する実践的研究」報告書第40号、神戸学院大学地域研究センター。
北村倫夫（2006）「公的セクターにおけるコミュニケーション革新と戦略的広報（上）──政府省庁と自治体に求められる『広報コミュニケーション』の革新」、『知的資産創造』

2006年9月号、88-99頁。
――― （2008）「自治体における戦略的な政策広報の展開」、『月刊自治フォーラム』583号、4-10頁。
粉川一郎・江上節子編著（2011）『叢書　現代の社会学とメディア研究　第5巻　パブリックコミュニケーションの世界』北樹出版。
小山栄三（1954）『広報学』有斐閣。
――― （1975）『行政広報入門』ぎょうせい。
鈴木勇紀（2015）『自治体広報はプロモーションの時代からコミュニケーションの時代へ――マーケティングの視点が自治体の行政広報を変える』公人の友社。
地方分権推進委員会事務局（1996）『分権型社会の創造――地方分権推進委員会中間報告』ぎょうせい。
土橋幸男（2008）「広聴の役割と課題――パートナーシップ行政推進の観点から」『都市問題研究』60巻9号、3-14頁。
樋上亮一（1951）『公衆関係業務必携――P.R.の考え方とあり方』世界書院。
本田弘（1995）『行政広報――その確立と展開』サンワコーポレーション。
三浦恵次（1984）『現代行政広報研究序説』学文社。

# 第8章

# 貧困対抗活動の生態系と社会的レジリエンス

西川　知亨

## 1　はじめに

　日本社会は、21世紀を迎えて以来、数度にわたる大打撃を受けたと言える。そのうちの一つは、サブプライムローン問題やリーマンショックなどの影響による、2007年および2008年を中心とした世界金融危機である。また、あらゆる人々にとって忘れることのできない経験は、2011年3月の東日本大震災、すなわち、いわゆる地震・津波・原発事故という三重の大災害（triple disaster）である。主に社会学をベースとした社会変動論が研究対象の一つとしてきた社会意識について言えば、金融危機とその余波は、貧困とは自己責任であるという考え方から、社会の問題／責任であるという考え方に転換していく一つのきっかけとなった。また、東日本大震災は、悲痛で甚大な被害をもたらした一方で、人々が自分たちの取り結んでいる社会的絆について再考する機会を与え、社会に対するかかわり方について考えるきっかけを与えもした。

　種々のメディアも伝えているように、社会意識の変容のひとつのあらわれが、日本国内で展開されてきた社会貢献活動である。近年、上記のような同時代的な社会問題を契機に多くの人々が、社会とのかかわりに敏感になった結果として、「社会貢献」という意味において、さまざまな社会活動が展開される傾向にある[1]。いわゆる古典的な社会運動論では、権威／エスタブリッシュメントとの関係性に着目して、運動が体制的かもしくは反体制的か、あるいは半体制的かが問題となった。しかし、とくに1970年代以降のポスト学生運動の時代には、そのような図式の意味が相対的に無化されると同時に、各々の社会運動にとって、いかに「ネットワーキング」を実現するかが重要な課題となったことはよく言及される。実際、後述する「ネットワーク系」の活動に象徴される

ように、つながりやネットワークを重視する団体も多い。

　各領域の社会貢献活動のなかでも、諸問題の要因の視点を「人」から「社会」へとシフトさせた活動として、「貧困」分野の取組みはとくに注目に値する。しかしながら、現代の日本の社会活動が、果たして広範なネットワーキングや連帯にもとづいていると言えるのだろうか。また、貧困に対抗する活動が、すべて同じような形あるいは側面で、貧困問題の解決に寄与しているのだろうか。このように問うのは、実際のさまざまな社会活動の現場に足を運んでみると、それぞれ活動の目的も雰囲気も、また効果も異なっているようにも思われるからである。貧困対抗活動の社会的世界は、一元的ではない。たとえば、貧困対抗活動、と一口に言っても、雰囲気だけでなく、スタンスや用いられる用語も意義も異なる。問題となるのは第1に、これらの多くの貧困対抗活動を整理する研究が少ないことである（西川 2015）。第2に、諸団体が、たとえネットワーキングを重視すると述べてみても、それらの間で相互に広範なネットワークや連帯が築かれているかというと、必ずしもそうとは言えない場合があることである。これらに関連して第3に、貧困「当事者」の生活の組織化に直接的・即時的にどのように資する（資さない）か、また、それぞれの活動がどのような個人的あるいは社会的意義を持っているかという考察があまりなされていないことである。

　本稿の目的は、日本において展開されている貧困対抗活動の「多様性」を考察することにより、明示的／非明示的、あるいは顕在的／潜在的な、社会的／個人的レジリエンスの諸相を浮かび上がらせることにある。そのために、それらは絶えず変容（acculturation）の過程を経ているものの、連携のネットワークが集中と分断、つまり凝離（segregation）の状態にある諸活動を社会生態学的に俯瞰・把捉する必要がある。研究の対象となるのは、筆者が2009年3月以降、現在に至るまで参与観察、聞き取り、各種資料や文献の検討などをおこなった日本各地の諸団体である。課題として設定している貧困問題が、国内の課題か、あるいは海外の／グローバルな社会過程における課題かを問わず、さまざまな貧困に対抗する日本の諸活動を対象とした。シカゴ学派などにおいて検討されてきた社会再組織化（social reorganization）論をヒントにし、とくに現代社会の文脈に合わせ、これらの活動の影響のうち、とくに「個人の生活」や

「社会の組織やまとまり」を柔軟に立て直す力、すなわち社会的／個人的レジリエンスに着目してみたい。

## 2　貧困対抗活動の生態系と諸類型

　日本における貧困対抗活動は、ボランティアを強調するものがあれば、ビジネス志向のものもある。また、貧困「当事者」との距離が近いものもあれば、必ずしもそうではないものもある。活動の実態を踏まえ、①ネットワーク系、②「草の根」連帯経済系、③グリーン／アース系、④ソーシャル系、の４つの理念的な活動群に整理した。

　この類型は、以下のプロセス等を経て構成された。貧困対抗活動において問題とされる焦点は、第１に「当事者」との関係がいかに取り結ばれているかという課題である。第２に、活動が継続性をもたせるために、いかに「持続可能性」を確保するかという問題である。貧困対抗活動の実態に基づき、こうした問題から構成したものが図表８-１である（西川 2015）。

　縦軸は、「『当事者』近接的-『当事者』遠隔的」を表している。「『当事者』近接的」というのは、「当事者」に寄り添う形をとることを意味する。多くは、支援者と「当事者」の関係性が流動的であることを想定する「役割の柔軟性」（Nishikawa 2011）、あるいは互恵的な「絆の相互性」（奥田・茂木 2013、ただし奥田の言葉）の形をとり、支援者と「当事者」の関係は互換的なものとなる。「『当事者』遠隔的」とは、「当事者」との地理的あるいは社会的距離が概して大きいものの、支援者の生活システムと「当事者」のシステムが何らかのかかわりを持っていることを強調し、遠隔的に「当事者」の生活の組織化を志向するものである。

　横軸は、「ボランティア志向-事業志向」を表している。左方向は、「ボランティア」による社会活動が強調されるものである。逆に右方向は、活動の「持続可能性」をとくに強調し、市場の動きも考えながら、事業／ビジネスを強調するものになっている。

　この貧困に対抗する活動の生態系において、「①と②」あるいは「③と④」の横方向の活動系間は、多くの場合、親和性をもつ傾向にあるが、逆に、「①

図表 8-1　貧困対抗活動の生態系

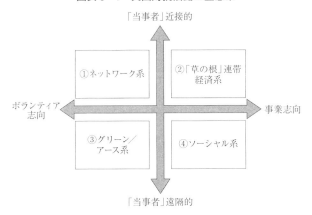

と④」など縦方向の活動系間に関しては、相対的に必ずしもそうとは言えない傾向にある。

　では、次節において、貧困対抗活動の各類型の社会的世界について考察しておきたい。

## 3　貧困対抗活動の各類型の社会的世界

### (1)　ネットワーク系――「反貧困でつながろう」

　地方都市の駅近くのビルの一角で、「労働・非正規雇用相談」、「多重債務相談」、「生活保護相談」、「住まいの相談」、「健康の相談」という張り紙が掲げられたブースが並ぶ。生活に困窮した人々が、ボランティアに付き添われて、各ブースに誘導されていく……。

　リーマンショック後の「年越し派遣村」(2008年年末から2009年年明けにかけて開設)ののち、これを理念として継承する形で活動の展開を見せた代表的な活動系が、ネットワーク系である。まず、この系統は専門家あるいは非専門家であるかを問わず、主にボランティアで構成されている。とくに、弁護士、司法書士などの法律の専門家、社会福祉士、精神保健福祉士、看護師、医師などの福祉・医療専門家、労働問題専門家、などの専門家が活動にかかわっている。

活動内容は、相談会、生活保護の同行申請、講演会、学習会、茶話会、フェスティバル形式の大会集会、などである。ネットワーク系の団体は、地域等によって差はあるものの、「当事者」が活動にかかわることが称揚される（西川 2009）。支援者も「当事者」も互換的な立場にいるという「役割の柔軟性」に従い、活動にかかわる者の互恵的な関係が目指される（Nishikawa 2011）。この互恵的な関係をうまく築くことができない場合には、メンバーによる活動のコミットの度合いや、活動の方向性に変化が生じることとなる。

ネットワークを明示的に重視するこの系統の「反貧困でつながろう」は、一つの象徴的なフレーズである（樽松 2010）。

### （2）「草の根」連帯経済系——「誰も切らない経済」

活動における社会的企業の担い手でもある路上生活者たちが、会議に参加し、商品の販売促進や、文化・スポーツのイベント企画などについて、積極的に意見を出しあう。支援者たちも、議論を調整しながら意見を述べる……。

貧困に対抗する活動について、活動家や研究者などの間でしばしば指摘されるのは、活動がボランティア・ベースであると、個々人のモチベーションに活動が左右されるために、活動の持続が困難になりがちであるということである。こうした持続可能性の限界を乗り越え、「当事者」との近接した関係を維持しながら、「社会事業」として社会貢献活動を続けようとする系統が、「草の根」連帯経済系である。

「連帯経済」とはよく知られているように、経済活動を社会連帯につなげようとする試みである。例えば、とりわけ、路上生活者を「ビジネスパートナー」として位置づけ、新しい仕組みで貧困「当事者」の生活の組織化を図る取組みは、よく知られている（佐野 2010）。

この系統は、「社会的企業」としても知られる取組みである。社会的企業は、社会的弱者を対象としているという意味では、「貧困ビジネス」（湯浅誠の言葉）と同じであるが、後者は社会的弱者のさまざまな社会的資源（湯浅の言う「溜め」）を奪う事業であるのに対して、前者は、社会的弱者の社会的資源を拡充し、その生活の組織化を図るものとされる（cf. 湯浅 2007など）。いわば「誰も切らない、分けない経済」（共生型経済推進フォーラム 2009）が目指される（濱

西 2009)。

　もちろんボランティアからビジネスへとシフトしても、すべてのビジネスが持続可能性を保証するわけではないし、むしろ組織運営の困難さが露呈されることも少なくない。しかし、「当事者」に密着したビジネスという方法は、一つの新しいモデルを提供しているとも言いうる。

### (3) グリーン／アース系──「グローバルな貧困問題の解決」

　開発途上国の貧困・環境問題を考える団体が実施しているワークショップ。日本の多くの商品の原料になっているパームヤシを通じて、海外の貧困問題を考える。現地政府の役人、現地の農園開発企業の幹部、日本の洗剤メーカー社員、現地の村の村長、環境保護 NGO のスタッフ、日本の若者、のそれぞれの役割に分かれて、ロールプレイを実践する……（cf. 開発教育協議会［2002］2011)。

　すでに述べた2つの系統は、貧困のただ中にある「当事者」とかかわることが重視される。しかし、貧困「当事者」との社会的距離が大きい、つまり遠隔的であるものの、それらの問題を自分たちの生活システムに引きつけて考え、実践を試みる貧困対抗活動もある。その典型は、海外の、とくに開発途上国の貧困問題に取り組む諸団体であろう。これらの団体の活動の対象は、日本ではなく海外の、とくに開発途上国の貧困問題である。海外の貧困問題を、第一の課題としているために、「当事者」とかかわることは、①ネットワーク系や②「草の根」連帯経済系に比べれば少ない傾向にある。もちろん、スタディツアーなどを通じて、問題の現場に赴くことはあるが、現地の「当事者」と個人的関係を取り結ぶのは、代表者など団体のごく一部の者であることもある。

　「当事者」と直接的な関係を取り結ぶことのかわりに、逆説的ではあるのだが、「私たちの生活と開発途上国の問題がつながっている」ことが強調される。とくに開発教育に取り組む団体が強調するのは、私たちが日々消費しているケータイ、パーム油、エビなどの養殖魚介類、バイオ燃料、アグリビジネスによる農産物などが、開発途上国の貧困問題とつながっている、いうことである（開発教育協議会［2002］2011)。

　同時に強調されるのが、人材育成である。グローバルな貧困問題を解決する

「人材」を育成するためのスクールや講座も多く開かれている。

　また、グローバルな貧困問題を解決するために、問題と解決をストーリー化（物語化）して、文化的組織化を図る方法もこの系統の特徴の一つである[4]。

## （4）　ソーシャル系――「ソーシャル・バリュー」

　都心のビルの一角の大広間。若年世代で構成されたダンスチームのダンスが始まる。その後、社会起業についてのプレゼンテーションが行われ、会場は熱気に包まれる。貧困問題などの解決に向けて、これまでなかった新たな方法を競争的に模索する……。

　ソーシャル系と呼びうるこの系統の活動のなかには、21世紀初頭の（IT）ベンチャー系起業の雰囲気を思わせるものも少なくない。リーマンショックや東日本大震災以降、好意的であれ、批判的にであれ、とくに注目されるのが、社会貢献に資するビジネスである（cf. 大島 2010など）。貧困に特化した団体もあるが、社会問題一般の解決を志し、そのひとつとして貧困問題を挙げていることも多い。②の系統である「草の根」連帯経済系で見られた「社会的『企』業」というより、「社会的『起』業」の性質を強く有する。いわゆる「ソーシャル・アントレプレナー」である。社会起業家は、社会に資する新たな「社会的価値（social value）」の創出を目指すとされる。問題「当事者」の問題解決に加え、それよりもとくに問題解決を可能にする「人材」育成に力点を置く傾向にある。そのため、起業家の「志（こころざし）」が、重視されることも多い。人材を育成する教育機関を謳い「学校」「大学」を冠とした活動もこれまで展開されてきた。これに関連して、この社会的世界（social world）では「カリスマ的」人物が存在するように行為・活動されることも少なくない。この点は、③の系統と似通っているようにも見える。

　概して、問題の「当事者」とは必ずしも近接してはいない。問題「当事者」からの社会的距離が大きいこともある。このため、貧困「当事者」の有する文化とは異なる独自の文化を創造する傾向もある。その文化とは、活動に参加する人びとにとって「洗練された」ものであり、イベントなどを通じて支持者を募る（「社会貢献はダサくない」の標語など）。イベント会場等は、「デザイナー」がかかわるなど、「都市性」も強調される傾向にある。

この系統の活動には、その価値に「惚れ込んだ」支持者もこれまで集めてきたが、とくに①や②の系統の活動家などから、批判を受けやすい特質をもつ。その批判は、問題解決よりも人材（起業家）に重点を置き、「当事者」とはかかわらないように見える点に対してなどである。

## 4　社会生態学的過程と各系統間の関係性

### （1）貧困対抗活動の生態系とダブルSS

以上の各系統の活動による個人的／社会的レジリエンス創発の考察に向けて、これらを社会生態学的観点からとらえてみたい。

先に「生態系」という言葉を用いたが、それは、問題「当事者」、支援者、また組織の活動システム自体が、社会のなかで居場所を模索していく過程を表している（cf.西川 2008：2012）。東日本大震災直後の日本社会においては、さまざまなメディアが、人々が社会とのかかわりを強く求める傾向について報じてきた。このような「絆言説」が広がる傾向をとらえるのに、社会生態学の視点が役に立つ。日々社会生活を送る行為者にとっては、社会生態学の視点を持つことにより、自己を社会のなかで位置づけていく過程（「居場所の生態学」）を意識的にとらえることができるようになる。

人々が居場所を追求する結果、生態学的にはどのような現象が起きるであろうか。本稿においては、初期シカゴ学派の基本的概念を参照して、「ダブルSS」（Self and Society と Selection and Segregation の頭文字）の過程と呼んでおきたい。初期シカゴ学派と不可分の関係にあるプラグマティズムの考え方が強調する「自己と社会」（self and society）の力学の過程において、個々人が居場所を捜し求める結果、異なる属性の者同士は反発し、似た属性の者が寄り集まり、それぞれが「とりあえずは」適した居場所を確保していき、その一つの結果として「選別と凝離」（selection and segregation）の状態が生起する。この「選択と凝離」の過程は、概していえば、人々の経済と文化のレベルに応じて進んでいくというのが、初期シカゴ学派の社会学者たちによる議論であった。この過程は、貧困対抗活動の系統間においても生じるし、それぞれの系統内においても生じうる。同じ貧困対抗活動と言ってみても、他団体の活動について

高い評価を付与することもあれば、逆に低い評価を下すこともある。あるいは、無関心であることもある。貧困問題の解決を目指すという目標は共通しているにもかかわらず、その方法は団体によってさまざまである。貧困「当事者」に直接かかわろうとする活動もあれば、貧困問題解決のための人材を育成しようとする傾向にある活動もある。先にも述べたように、俯瞰的にとらえてみれば、日本の貧困に対抗する活動は、ボランティアを強調するものがあれば、持続可能性を経済・経営的側面に求める事業／ビジネス志向のものもある。また、貧困「当事者」との距離が近接的であるものもあれば、遠隔的であるものもある。これらの「軸」を縦横に活用して浮かび上がってくるのが、先述の①ネットワーク系、②「草の根」連帯経済系、③グリーン／アース系、④ソーシャル系、の4つの理念型による活動群である。実際に活動の現場に足を運び、他の系統の団体の活動の方法についての意見を聞いてみれば、かならずしも互いにネットワークを築こうとするものではなく、他団体に対する「微妙な」位置（定義）づけも含めて、反応はさまざまである傾向にある。このような評価・意識・スタンスの違いは、活動家たちの社会への関わり方の方法と意向が多様である結果であり、活動群に「選別と凝離」をもたらす。ダブルSSが、活動を特徴づけていくことになるのである。

### （2） 各系統の関係性

では、ここで各系統の関係性について触れておこう。まず、①ネットワーク系と②「草の根」連帯経済系の関係である。ネットワーク系において、「草の根」連帯経済系の例は、しばしば取り上げられる。また、「草の根」連帯経済系においても、ネットワーク系の用語（たとえば「反貧困」）が用いられるなど、連携による取組み例は少なくない。

グリーン／アース系と、ソーシャル系は、系統間のメンバー同士が、似た志をもった「知りあい『同志』」として語られることも多く、より洗練された「都市文化」を共有している点で、社会的世界としての雰囲気もよく合う。グリーン系とソーシャル系は転換しやすい。

ネットワーク系とソーシャル系は、相互作用論的にも社会生態学的にも、社会的距離が小さくはないように見える。「当事者」との関係性、「楽しさ」に関

する考え方、雰囲気、活動に焦点を合わせるか、担い手としての活動家（つまり人）に焦点を合わせるかで、目的もスタンスも異なっている。お互いに対して「微妙な」感想を持っていることもあり、足並みをそろえて連携して活動するのはそれほど容易ではないところもある。

　以上のような考察は、各系統の活動の特徴を俯瞰的に考察するものではあるが、活動の個人的／社会的意義について過小視するものではない。本節までの考察を踏まえたうえで、次節においては、それぞれの活動を個人的／社会的レジリエンスの観点からとらえてみたい。

## 5　貧困対抗活動の生態系と個人的／社会的レジリエンス

### （1）　個人的／社会的レジリエンスの創発

　ここでは、各系統の個人的／社会的レジリエンスの創発という観点から、以下のように例示的に整理しておく。

【①「ネットワーク系」の個人的／社会的レジリエンス創発例】

1．相談者の生活と社会資源の組織化は、ネットワーク系が生み出す個人的レジリエンスの一部をなしている。生活相談のために相談会に足を運び、生活保護を受給できるようになり、同時に活動や「仲間」と結ばれていく経験は、相談者にとって意味のある強みの一つとなりうる。

2．「ネットワーク系」の活動は、人々の社会意識を、反自己責任論へと変容させうる。このことは、生活保護認定数の上昇と関わりを持っていると言われている。近年、いわゆる「水際作戦」が激減したと言われる背景の一つである。問題の要因に関する視点を人から社会へとシフトさせる、いわば市井のなかでの「社会学的視点」の広がりに貢献している。

【②「『草の根』連帯経済系」の個人的／社会的レジリエンス創発例】

1．「草の根」連帯経済系の活動は、「当事者」活動家の「文化」的生活の組織化に寄与し個人的レジリエンスを生み出している。営業・芸術・スポーツ等へ主体的にかかわる彼・彼女らの体験は、「当事者」活動家に一定の力を付与する。

2．「当事者」と一体となる形、草の根からの持続的な活動システムのモデル

を構築しており、(ボランティア・ベースとは異なる)社会の持続的組織化の一つの様相、すなわち社会的レジリエンスの可能性を示している。社会問題と直接かかわりながら、文化的要素および事業を組み入れ、社会貢献活動に持続性を持たせるモデルを提示している。

【③「グリーン／アース系」の個人的／社会的レジリエンス創発例】

1．グリーン／アース系は、「当事者」遠隔的であることを背景にして、「私たちにできること」を強調し、人材育成に力点を置き、とくにこれは活動にかかわる人の個人的レジリエンスを生み出す。
2．遠い国の社会問題と先進国のライフスタイルとの関係性に焦点を合わせるなど、海外の貧困に関連した問題についての議題設定機能の役割を果たしている。「自己実現」と響きあい、活動にかかわる人びとやそれを知る人たちの社会的視野と意識を拡張する。これは、地理的・社会的に遠く離れているように見える生活システム同士が、共鳴していると考え、諸問題をグローバルな人権問題としてとらえなおす過程を示している。

【④「ソーシャル系」の個人的／社会的レジリエンス創発例】

1．ソーシャル系は、都会的な雰囲気のもとで、新たな社会設計を試み、「楽しい」感情を組み入れながら、活動家／人々の生き方について再考させる。
2．貧困問題等の社会的課題に対して、(対抗的)付加価値をつけて新たな社会貢献システム、およびそのビジネスモデルを提示している。持続可能性をもつ新しい社会の仕組み、貧困の解決に向けた「面白い(感情的側面)」社会システムモデルの構築を志向する。(「農村」的価値への称揚も含め)都会的な雰囲気をもつ文化は(「都市」「社会貢献」「リーダー育成」等にかんする一元的価値に基づく社会観への批判を受けながらも)社会的組織化の一つの力となっている。

(2) おわりに——新時代の福祉社会の構築に向けた可能性

現在の国内の貧困対抗活動は、一枚岩でとらえられるものではない。本稿においては、縦軸に「『当事者』近接的－『当事者』遠隔的」、横軸に「ボランティア志向－事業志向」によって貧困対抗活動を類型化し、各系統のおのおのの特徴を分析した。さらに、社会生態学の観点から、それぞれの間の関係性に

ついても考察し、それぞれの系統から生み出されている個人的／社会的レジリエンスについても検討してきた。本稿における各系統は、各活動が明示的に掲げる理念や、各系統の間で投げかけられる批判を超えて、それぞれ異なる位相において貧困問題の解決や個人的／社会的レジリエンスの向上に資している。

「貧困問題の解決」に、直接的に寄与するか否かというだけでなく、社会生態系として見て、どのような個人的／社会的レジリエンスを生み出しているかという視点で考察することは、新たな福祉社会の構築に役立ちうるのではないだろうか。

【注】
1) 初期シカゴ学派を先導したロバート・エズラ・パークの言う都市における「人間性」（human nature）の発露の一形態であるととらえることができる。
2) 本稿3節において、こうして各項目で挙げている事例が、各系統の活動のすべてを象徴しているわけではないが、人々の社会環境を豊饒に記述する一連のシカゴ学派の社会調査概念や業績に基づきつつ、各系統の活動の舞台や特徴などを理解するのに役立たせることができる（cf. 西川 2008）。
3) 貧困対抗活動からは、非明示的ではあれ専門家自身の領域の意義を強調しようとする「理論運動」（disciplinary movement）の側面もうかがえる（Nishikawa 2011）。たとえば、日本型雇用慣行の変容をはじめとして、日本社会における既存のシステムが瓦解していく過程のなかで、孤独化からの脱却にかかわる社会貢献意識の向上、職場のみでは十分な知識・技術・生活資源が得られなくなった状況、専門家たちの地位の下落などは、ある意味では、専門家集団間において、パークらの「相互作用類型」（Park and Burgess 1921）における「競争」や「闘争」に似た様相を引き起こす。ゴフマンも論じるように、社会のなかでなわばりを維持しようとする人間の行動である「クレイム」は、社会組織の中心にある（Goffman 1971）。もちろんそのような状態は、社会生態学的に見ると、「極相」（climax）段階ではなく、安定した社会生活の組織化に向けて展開・転回を続けていく過程としてとらえることができる。
4) ストーリー、あるいは「物語」の創出は、「役割距離」（role distance）のとり方ともかかわっている。ゴフマンの役割距離の概念は、主体性をあらわすものというよりも、役割イメージからの距離であると解釈される（Goffman 1961：152＝1985：172）。社会問題を解決する活動家の一般的イメージは、「『うるさくて、うざい』と言われている厄介者」（湯浅 2009：248-52）だとすれば、そこから転じてどのようなスタンスをとるのか。ゴフマンが論じるように、人が遂行する役割距離の行為を観察することで、その人のスタンスを知ることができる。相互作用のレベルでは、役割距離の表出によって、活動へのかかわり方、あるいは活動のスタンスが立ちあらわれる。また、ゴフマンが論じるように、スタンスは、相対的に高位の社会的地位をもっている者のほうが表出しやすく、より影響力が強い。「ネットワーク系」の活動における司法の専門家、グリーン／

アース系や社会的起業におけるプロボノワーカーは、おのおのの界によって効果的とされる社会問題の解決法と物語を提示するが、そこには社会問題を解決する活動家の一般的な役割イメージからどのように距離をとるか、という活動家のスタンスと戦略が見て取れる。そのスタンスと行為・活動が、貧困対抗活動の生態系をミクロから基礎づけている。

## 【参考文献】

大島七々三（2010）『社会起業家の教科書』中経出版。
奥田知志・茂木健一郎（2013）『「助けて」と言える国へ』集英社。
開発教育協議会［2002］（2011）『パーム油のはなし——「地球にやさしい」ってなんだろう』開発教育協議会。
共生型経済推進フォーラム（2009）『誰も切らない、分けない経済——時代を変える社会的企業』同時代社。
榑松佐一（2010）『反貧困でつながろう——国境を越えた仲間たち 改正入管法対応 外国人実習生支援ガイド』かもがわ出版。
佐野章二（2010）『ビッグイシューの挑戦』講談社。
西川知亨（2008）「初期シカゴ学派の人間生態学とその方法——E・W・バージェスとE・F・フレイジアを中心にして」京都大学博士（文学）論文。
——— （2009）「愛知の「派遣村」に訪れたある相談者の生活史——生活の解体と再組織化の視点から」『京都社会学年報』17号、京都大学文学部社会学研究室、1-28頁。
——— （2012）「現代日本における反貧困活動の展開——時空間の人間生態学」『フォーラム現代社会学』11号、関西社会学会、41-53頁。
——— （2015）「貧困対抗活動の生態系と福祉社会——個人的／社会的レジリエンスの観点から」第88回日本社会学会大会報告原稿。
濱西栄司（2009）「新しい社会的リスクと日本型ソーシャル・ガヴァナンス——社会的企業聞き取り調査の分析を中心に」共生型経済推進フォーラム編『誰も切らない、分けない経済——時代を変える社会的企業』同時代社、212-225頁。
湯浅誠（2007）『貧困襲来』山吹書店。
——— （2009）『どんとこい、貧困！』理論社。
Goffman, Erving M.（1961）*Encounters: Two Studies in the Sociology of Interaction*, Indianapolis: Bobbs-Merrill.（＝1985、佐藤毅・折橋徹彦訳『出会い——相互行為の社会学』誠信書房。）
——— （1971）*Relations in Public: Microstudies of the Public Order*, New York: Basic Books.
Nishikawa, Tomoyuki（2011）"Pauvreté relationnelle et résilience sociale dans le Japon contemporain," *Informations sociales*, 168, Caisse nationale des Allocations familiales, 96-102.
Park, Robert Ezra and Ernest Watson Burgess（1921）*Introduction to the Science of Sociology*, Chicago: The University of Chicago Press.

【付　記】
　本研究は、JSPS 科研費 JP15K17205などによる研究成果の一部である。

第**9**章

原発反対運動と地域メディア
――熊野・井内浦原発の反対運動を事例に

景山　佳代子

## 1　埋もれた歴史

　日本の原子力開発は、戦後の経済成長を牽引する原動力として進められ、1960年代半ば頃から実質的展開をみせる。高度経済成長に取り残されたいわゆる低開発地帯の自治体は、地域経済復興の起爆剤として原発の誘致合戦を繰り広げた[1]。そして敦賀（1970年3月）、美浜（同年11月）、福島第一（71年3月）を皮切りに、全国各地で原発の運転が本格的に始まっていった（吉岡 2011）。

　原発の建設によって道路がつくられ、港湾も整備される。工事関連の雇用が増え、建設のために大勢の作業員がやってきて商店街も賑わう。原発ができれば、電力会社の社員とその家族も引っ越してきて人口が増え、若者の働き口も確保される。電力企業からの税収、国からの補助金によって困窮する自治体の財政課題も解決される……などなど。こんな「甘い夢」が、高度経済成長からとりこぼされた低人口地帯で囁かれた。その数は全国で50地点以上といわれる。しかし、1970年以降に原発建設の計画が持ち上がった地域すべてで、そんな「甘い夢」への誘惑は断られた（平林 2013）。

　この歴史的事実は、ある種の驚きを持って受けとれないだろうか。2011年3月11日のあの福島第一原発の事故以前、日本は世界第三位の原発大国として知られていた。原発の安全性をめぐって起こされた住民訴訟の大半は、原告敗訴という結果に終わり、「日本の反原発運動の歴史は敗北の歴史」（平林 2013：36）といわれてきた。しかし実際には、国と電力会社によって推進された原発開発は、住民の反対運動の前に敗退し続けていたのである。だからこそ電力会社は、すでに原発が建設されていた17の立地点での増設を繰り返さざるをえず、結果、世界にも例のない福井や福島のような原発密集地帯がつくりだされ

ることになったのである。

　ではなぜ住民運動の「勝利」の歴史が声高に語られることが、ほとんどなかったのか。

　原発計画が持ち上がるのは第一次産業を主な生業とし、狭く濃密な人間関係で成り立っていた低人口地帯である。国と電力会社が囁いた「カネ」や「発展」という甘い夢は、原発に賛成か反対かという、それまでに経験したことのない深刻な対立を地域社会にもたらした。その亀裂は原発計画が白紙になって、騒動の大元である電力会社が立ち去ってからも簡単には修復されなかった。賛成・反対で分裂した地域社会に、以前のような暮らしを取り戻すことが残された願いだとするなら、反対運動の勝利を声高に語り継ぐことは、よそ者が考えるほど容易なことではない。また原発計画の撤回後、過疎化や道路・港湾などのインフラ整備、雇用創出といった課題は、時間の経過とともにますます深刻さを増していった。「やはり原発を誘致しておけば良かったのでは……」という、地元に漂う反対住民への無言の非難は、住民運動の勝利を地域の歴史の表舞台で輝かせることを良しとしなかったのかもしれない。

　しかし皮肉なことだが、福島第一原発の事故によって、こうした「埋もれた歴史」が再評価されるようになった。なぜ彼らは「国策」という圧倒的な権力に屈することなく、自分たちの声をあげつづけられたのか。厳しい財政状況にあって、税収や補助金といった経済の論理よりも優先されたものとはなんであったのか。原発に抵抗してきた住民の声に学ぶことは多い。

　本稿ではこうした埋もれた歴史の一つとして1971年から16年間続いた三重県熊野市の井内浦原発反対運動を取り上げる。

　熊野市は1954年に旧8カ町村の合併によって人口3万人の市として誕生した。しかし原発計画がもちあがった1971年には人口は2万7千人まで減少し、過疎化・高齢化は喫緊の課題となっていた。原発建設は、ほかの計画候補地同様に、熊野市にとっては、目の前に山積する課題を一挙に解決する「打出の小槌」となるものだった。しかし、熊野市民はその「小槌」を手にすることはなかった。原発計画がこの小さな町でどのように受け止められ、なぜ16年という時間の末に拒否できたのか。熊野市で発行されている地域紙を主なてがかりに、熊野の住民運動がどのように展開していたのかを探っていく。

## 2 地域紙からみる井内浦原発反対運動の経緯

　紀伊半島の南東部に位置する熊野市は、東は熊野灘に面し、西は紀伊山地に囲まれた、古くから漁業や林業が盛んな地域であった。またその歴史は神話の時代にまで遡り、市内各所には神代の伝承をもつ遺跡や史跡が散見される。2004年に「紀伊山地の霊場と参詣道」としてユネスコの世界遺産にも登録されたことはよく知られている。

　ただしこうした自然や歴史といった財産も、高度経済成長にわく日本社会にあっては、熊野市を潤すものとはならなかった。近隣自治体の旧鵜殿村（現・紀宝町）や尾鷲市には、製紙工場や火力発電所が建設され、新たな雇用や税収が生まれていたのに対し、熊野市はこのような産業化の波から完全に取り残されていた。衰退していく第一次産業、雇用の場をもとめて流出していく若者たち。打開策はみつからないまま、過疎化・高齢化の問題は年々深刻さを増していた。そんな熊野市に突如として地域社会を揺るがす大規模事業の話しがもちあがる。1971年10月に発表された中部電力（以下、中電）による熊野市・井内浦(うら)の原発計画である。

　熊野市の原発計画は、1971年10月25日の『毎日新聞』（夕刊）のスクープによって公になる。中電が熊野市・井内浦を原発候補地として検討しているという記事は、翌日には熊野市民に知れわたり、この日から87年9月までの16年間、熊野市は原発政策に翻弄され続ける。

　その経緯をまとめたほとんど唯一といってよい資料が『井内浦――熊野原発反対闘争史（一）』（1999）である。原発計画が持ち上がってわずか4ヶ月で、市議会で最初の原発拒否決議が行われるまでに、市内各地でどのような反対運動が起きたかが記録されており、巻末には16年間の年表も付されている。副題に（一）とあるように、続刊が計画されていたが、残念ながらその作業は中断したままである。主に反対運動の中心にいた人々の声が記録されているので、それ以外の人々がどのように原発を受け止め、また関わっていたのかを知るにはほかの資料も必要となる。

　そのために着目したのが、熊野市・南牟婁郡を配布エリアに9000部発行され

図表9-1　井内浦周辺図

(『井内浦――熊野原発反対闘争史（一）』(1999) より)

ている『吉野熊野新聞』（以下、『吉熊』）という地域紙である。熊野市には1959年に創刊された『吉熊』のほかに、1902年に創刊された『南紀新報』（以下、『南紀』）という地域紙がある。この2紙が、全国紙である『朝日新聞』『毎日新聞』『読売新聞』や、ブロック紙である『中日新聞』、県紙である『伊勢新聞』をおさえて、この地域の新聞シェアの大半を占めている。『吉熊』は4ページ立ての夕刊紙で、全国紙やブロック紙、県紙のような取材網はもっていない。そのため国内外の政治状況や社会的事件についての記事はほとんど掲載されない。しかし地域の生活に密着した情報を発信し、読者の掲示板的役割を担い、地元の人にとっては重要な情報源となっている。

また後発紙である『吉熊』は、創刊後しばらくして廃刊の危機にも直面したが、現社長である谷川醇太郎氏が1962年に経営を引き継いでから着実に発行部数を伸ばしていき、現在では『南紀』よりも部数が多いと言われている。そんな『吉熊』が急成長をとげたのが、ちょうど熊野市に原発計画がもちあがった1970年代頃のことである。地域社会に密着した『吉熊』が、原発という熊野始まって以来の「大事件」を読者にどう伝え、また原発に対する世論形成にどのように関わっていたのか。前述の『井内浦――熊野原発反対闘争史（一）』も参照しながら、『吉熊』からみえてくる原発反対運動の16年を整理してみる。

## 第一期：原発反対世論誕生の熱気と二つの地域紙（71年10月末〜72年3月）

1971年10月25日に『毎日新聞』が井内浦での原発計画をスクープしてからしばらくは、原発に関連する『吉熊』『南紀』の報道は、中電や市議会、県当局の公的発表が主だった。やがて市内の漁協や水産振興協議会といった原発計画のキーとなる団体の動きや、各地区での原発学習会や中電による映画会の案内など、原発をめぐる住民の動きが連日報道されるようになる。またこの頃、『南紀』は美浜や敦賀といった原発先進地帯、あるいは古座や那智勝浦といった原発候補地の様子を伝える長期連載ルポを企画し、2度にわたり掲載している。[3] 一方、『吉熊』では公式発表されていない議会内外の議員の動向をコラム欄で伝えたり、それに対する読者の意見が投書欄に掲載されたりするようになる。『吉熊』には「会社始まって以来の」投書が寄せられ、ほぼ連日、投書欄を通じた読者＝住民の原発に対する意見交換が活発に行われる。

原発に対する熊野住民の関心は日に日に高まり、72年の3月市議会を前に市内各地で原発反対のデモが起きる。『南紀』『吉熊』両紙には中電社員による「原発の安全性についてご質問にお答え」という、原発に対する懸念を払拭する連載（72年2月22日〜27日）が掲載される。しかし中電の訴えは熊野市民には響かず、3月市議会を前にした2月25日の全員協議会で、中電の原発調査申し入れ拒否が決議される。市当局もこれを受けて中電に正式に原発協力をお断わりする通知を渡す。原発計画が浮上してわずか4ヶ月での、実質的な原発拒否決議であった。

## 第二期：荒れる原発世論、板挟みになる『吉熊』（72年3月～74年3月）

　全員協議会での決定後、3月1日には「中電ゴーホーム」と叫ぶ原発反対の大規模デモが開かれた。9日に中電の駐在員が熊野市から引き上げ、これで原発問題は落着したかにみえたが、同じ日に『吉熊』『南紀』それぞれに議会の受け入れ拒否に疑問の声をあげる投書が掲載される。とくに11日の市議会での原発拒否決議後、それまでほとんどが「反対」の声だった『吉熊』の投書欄に原発に「前向きに」といった投書が寄せられるようになる。投書がほとんど掲載されていなかった『南紀』でも、原発拒否の再考を促す投書が頻繁に掲載されるようになる。また熊野から引き上げたはずの中電が、熊野市民に対して美浜や敦賀への「無料視察旅行」を繰り返し行っていたことで、原発をめぐる住民の意見対立が徐々に激しくなっていく。その余波はやがて『吉熊』にも及ぶようになる。73年2月11日、原発に反対するある読者が『吉熊』の原発に対する報道姿勢を非難する折込広告を作成、配布した。これに対して『吉熊』は12日、13日とコラム欄で反論をする。読者からの反響も大きく、「吉熊新聞への誤解について　吉熊ファンの井戸町」（2月13日）、「吉熊に声援贈る　キチガイじみたビラ」（2月14日）、「怪文書への公憤」（2月15日）といった投書が掲載された。第一期では原発反対の声が大きく、それに対する批判の声はほとんど聞かれなかったが、第二期になると原発推進の動きに対する批判と同時に、反対運動の強引な手法への批判の声も聞かれるようになってくる。住民の賛否の対立が激しくなるにつれ、『吉熊』の報道に対して賛否いずれの側からも批判されるという状況が生じてくる。

　原発をめぐって膠着状態が続くなか1973年10月に石油危機が起きると、電力の安定供給のために原子力の重要性が強調されるようになる。74年に入ってから原発再検討要望の署名運動がにわかに活気づき、それに対抗する形で原発反対の署名運動も展開される。この盛り上がりに呼応するように『吉熊』に寄せられる投書も再び増え、2月6日の「乱筆ノート」で投書の採用基準をわざわざ断っている。賛否にかかわらず順次掲載する。姓名を寄せること。個人攻撃や誹謗中傷は掲載しない。他社との同一文書は掲載しない、など。住民の賛否の意見対立が鮮明になるほど、『吉熊』としては、原発問題に対してはあくまでも中立であり、賛否いずれかの立場に肩入れするものではないことを再三強

調するようになる。

　原発再検討と原発反対との署名活動は3月市議会が近づくにつれて、ますます過熱していく。『南紀』はコラム「ペン助のパトロール」で、「再検討1万余、拒否堅持1万4千余人と市の有権者1万8千577人よりオーバー」（74年3月10日）と、熱心な署名活動によって、再検討と拒否堅持の両方に署名した市民がいることを伝える。そして熊野市中が注目するなか3月市議会が開会される。3月25日の議会では「原発再検討」の陳情書と「原発拒否決議の堅持」の請願が同時に提出され、前者は不採択、後者は全員一致で採択される。これが第二回の原発拒否決議となる。

### 第三期：原発計画の潜伏と巻返し、距離をとる『吉熊』（74年4月〜81年6月）

　二回目となる拒否決議後、原発に対する全国的・国際的反対世論が盛り上がる。1974年9月には原子力船「むつ」の放射能漏れ事故が大々的に報じられ、1975年8月には京都で反原発全国集会が初めて開催される。熊野市外の原発反対運動との連携も積極的に展開され、熊野市における原発計画はやや下火になったかにみえた。しかし78年8月には、各種団体の反対を押し切って商工会議所が原発研究会の講演会を強行開催する。79年3月にスリーマイル島での原発事故が起き、その安全性に対する信頼は大きく失墜したが、同年8月には木本漁協が「原発反対」を白紙撤回し、原発の調査研究を決議する。また11月開催されたシンポジウムでは、講師の堺屋太一氏が「原発は最も安全」と発言するなど、原発再検討の下地となる動きがみられるようになる。

　80年1月5日に中電は、85年着工を目指して熊野市での原発建設を検討していると発表。29日に商工会議所の栃尾会頭が中経連の懇談会の席で「原発誘致は必要」と協力を要請したことが報道され、市内では原発反対派と再検討派との活動がそれぞれ活発化する。商工会議所を中心に「原発調査研究機関」設置請願が市議会に提出され、熊野JCや観光協会などが原発視察を行う。一方の原発反対派は8月に「原発拒否決議堅持請願」の署名活動などを精力的に展開していく。9月市議会で三回目となる原発拒否決議がなされるが、原発の調査研究については継続審議とされ、予断の許さない状況が続くことになる。

　そのため81年に入っても、各地の反対運動が止むことはなかった。2月に遊

木漁港の女性を中心に反原発「サンマキャンペーン」が開始される。「原発ができればこんな美味しいサンマは食べられなくなるよ」と、郷土食のサンマの丸干しを、原発への関心が低かった山間部まで配って回ったのである。3月には調査研究機関設置に反対する海陸大集会、6月にも原発阻止の大規模な市民集会が開かれ、ようやく6月市議会で調査研究機関設置の請願は不採択となった。

この間、『吉熊』での原発関連の投書も再び増加するが、第一期とは異なりそのほとんどは各地区の反対運動でリーダーとされる人たちの署名入りの投書になっている。また「乱筆ノート」といったコラム欄での読者との双方向的なやりとりはほとんど行われず、市議会や市内の原発をめぐる「事実」報道が中心となっていた。

### 第四期：行革の嵐と原発開発、「見守る」『吉熊』（81年7月〜85年3月）

原発の調査研究機関設置の請願が不採択になってから数年間、原発に関する目立った動きは見られなくなる。かわりに熊野の市民生活に直結する「外部」からの影響が顕著になるのがこの時期である。82年2月に商工会議所の反対を押し切り、大型店のジャスコが開店し、地元商店街の衰退に拍車がかかる。83年には国の行政改革によって国鉄の合理化がすすみ、駅が無人化され、市内を運行していた国鉄バスも廃止、市内の観光拠点だったオレンジホテルも閉館した。市予算は市政発足以来はじめて減額され、地元経済の挽回策として空港誘致や高速道路の陳情が行われるが、過疎化の進行など地域社会の衰退は、熊野市民の生活により切実で深刻な問題として経験されることになる。市民の交通手段、雇用場所、税収など、これらを確保するための手段として、密やかにしかし確実に原発が「現実的」な選択肢として浮かんでくる。

事態が突如として動きだすのは中電が着工を目指すと語っていた85年のことである。1月に坪田誠市長は「議会が、拒否決議を白紙撤回すれば、先頭に立って原発を推進する」と、それまでより原発に踏み込んだ発言をする。市長の発言をうけ、住民の原発反対運動は活発化し、議会の動きへの警戒も高まった。そんななか開催された3月市議会の最終日、これまで堅持してきた原発拒否決議が突如破棄され、原発の調査研究機関が設置されることになる。庁舎内

外で県機動隊80名と熊野署員が警備にあたり、傍聴席には怒号が飛び交った。

急転直下ともいえる熊野の原発政策の転換だったが、『吉熊』の紙面にはやはり第一期のときのような「熱」はなかった。市当局の発表や、各地区のデモや集会といった地域に密着した「出来事」は報道されていたが、700人もの反対派住民が注視した議会の白紙撤回決議についての投書はたった一通掲載されたのみだった。第二期から徐々にみられた『吉熊』のこうした変化の理由は、たとえば1982年2月24日付のコラム「筆尖」からもうかがえる。

> 「近年、報道に神経を遣うことが増えた。まずその粋たるものは賛否両論の渦巻く井内浦原発問題。(略)特に本紙の場合、地元では極めての発行部数をもっているので、軽々、興味本位に走れば大変なものがあるだけに慎重を要する。本紙が、何でもかんでもセンセーショナルにポンポン書けば、まとまるものもまとまらぬことも出てこよう。やはり一つの問題が起きたときは、……待ってやることも時にして大事。(略)公共的な論議や動きは別として、一般市民サイドの内輪のことは、大詰めを迎える段階まで、情報を収集しておくにとどめておくことがよくあった。」

経営者が交代した1962年に200部だった『吉熊』の発行部数は、1979年には県南部地方紙で最大の3000部という発行部数を誇るメディアに成長していた。その影響力の大きさを自覚すればこそ、『吉熊』は「公共的な論議や動き」は報じても、意見や見解の相違があらわとなる「一般市民サイド」のことは、「待ってやることも大事」と、あまり報じなくなっていったのである。

## 第五期：原発反対運動の終結（85年6月〜87年9月）

原発拒否決議の白紙撤回後、6月には原発の調査研究機関特別委員会の設置が強行採決される。いよいよ原発計画が前進するかと思われた矢先、『吉熊』は7月5日に「現時点では、熊野原発は中電の計画から消滅している」というコラムを掲載する。実際、9月市議会でも原発をめぐる市長の発言はトーンダウンし、9月27日付の「記者の目」は「原発問題市長答弁　大きく後退！　推進各界にショック」と、市の総合計画が「原発」抜きで策定されることが伝えられる。この間の市長の変心については、『吉熊』も市民に混乱を与えるもの

として批判しているが、なぜ市長がその発言を変えていったのかについてははっきりしない。しかしながら、この流れを受けて12月市議会では原発調査研究が凍結され、翌86年3月に策定された総合計画に「原発」は盛り込まれなかった。

　チェルノブイリ原発大事故が起きたのは、翌月4月26日のことだった。この事故は原発に対する国際世論に決定的な意味をもち、それは熊野市も例外ではなかった。同年11月の市長選は、原発反対運動の中心にあった地区労と「協定」を結んだ現職市長が当選、さらに87年4月の三重県議選では「反原発」を表明した新人前川俊之氏が、盤石といわれた現職の山下正夫氏を破り当選。同月にあった市議選では原発反対同盟推薦の14名が全員当選し、定員23名の議会で過半数を獲得した。9月開会の市議会では、原発拒否決議が満場一致で採択され、議員提案の「熊野原発を抜きにして市民総意のもと地域活性化に取り組む決議案」も採決される。ここに16年に及ぶ熊野市の原発問題はようやく終止符が打たれることになった


　熊野・井内浦原発の16年の経緯を、『吉熊』の報道を軸に五期に分類した。『吉熊』が、原発という熊野始まって以来の「大事件」を取り上げた第一期は、投書という「一般市民サイド」の原発に対する意見が、紙面の多くを占めていた。またコラムを通じて、読者とのやりとりが積極的に行われていた。これに対して賛否の対立が激化し、なおかつ『吉熊』の影響力が大きくなる第二期以降は、『吉熊』の紙面から「一般市民サイド」の声は徐々に取り上げられなくなっていく。そして中電や行政、議会の「公的」な動きを報じることが主な役割となっていく。

　このようにみると、原発とはなにかよくわからなかった第一期において『吉熊』が、熊野の原発世論の形成に果たしていた役割の大きさにあらためて目がいく。原発についての「公的」な声ばかりでなく、「一般市民サイド」の声、あるいは議員の「本音」が、『吉熊』というメディアにのり、「公（おおやけ）」の声になっていったことは、原発の世論形成の過程を考えるに非常に重要であろう。そこでこの時期の『吉熊』の紙面をとりあげ、具体的にどのようなコミュニケーションがそこに生じていたのかをみていくこととする。

## 3　原発をめぐる言論空間の創出

　一般にメディア研究では全国紙がよく取り上げられ、地方紙、とりわけ地域紙への注目度は低い。しかし地域紙は、全国紙や県紙よりも地域住民の生活と密着しており、地域住民の声をより積極的に拾い、住民相互のコミュニケーションを促す側面がある。そのため地域政治や住民の政治意識の形成に際して重要なアクターとなることがある（奥田 1967；畑仲 2014）。たとえば奥田（1967）は、60年代の沼津・三島地区の石油コンビナート反対運動を取り上げ、住民運動において全国紙と地方紙とが果たした役割を比較し、次のように述べている。

　「中央のマス・メディアがニュース・ヴァリューをみとめなかった、というより沼津・三島地区の石油コンビナート闘争、公害戦争の意義を評価しえなかった（略）のに対して、地方紙は、積極的な報道活動を展開した。地方自治、企業体の PR が欠如していたいわば空洞化現象を埋めるうえでも、住民一般は、地域開発計画の全貌なり反対運動の推移の情報を、地方紙の媒体を通して主に得たことは、容易に想像される。しかもこの地方紙は県内紙ではなく、タブロイド版のコミュニティ・ペーパー（地域小新聞、俗に豆新聞）に、情報提供の真価が発揮された。」（奥田 1967：63）

　沼津・三島の地域紙は、情報の「空洞」を埋め、住民間の情報共有の場を作るという役割を果たしていた。このことは原発問題をめぐる熊野地域のそれにも十分当てはまる。中電や県、市長、市議会議長の記者会見や市議会の様子など公的情報は全国紙やブロック紙の地域面に掲載されることもある。しかし各地区で実施される小規模な勉強会や住民集会の告知、各地区の反対声明の発表や反対同盟の結成といった動きなど、地元に密着した詳細な情報の多くは地域紙によって発信された。また地域紙は原発に対する近隣区域の対応を住民相互が確認し、共有する場となり、そうした記事を通じて読者は原発について知り、学ぶ機会を得ていた。そのためとくに原発についての情報がほとんどなかった第一期において、地域紙が住民にいかなる情報提供を行っていたのか

は、熊野での原発に対する姿勢を方向づけるうえでも重要だったと考えられる。『吉熊』はこの時期、いかなるメディアとして、この地域の世論形成に関わっていたのかを具体的にみていこう。

## （1）『吉熊』の投書欄とコラム欄

後発紙であった『吉熊』が廃刊の危機に直面した1962年に、経営を引き継いだのが現社長の谷川醇太郎氏だったことはすでに述べた。このとき若干23歳。新聞記者の経験もなく、記者クラブにも入れなかったため、一人で取材から執筆まですべてこなしていた。熊野に原発問題が持ち上がった時の編集者も彼であり、『吉熊』の紙面には彼の「若さ」を体現したかのような純粋な「ジャーナリズム」観と熱気とがこもっていた。それを象徴するのが投書欄と、「乱筆ノート」「筆尖」という現在にまで続くコラム欄であった。

熊野市に原発計画がもちあがって間もなく、議会で原発についての「秘密会」がもたれたことを『吉熊』が報じた（71年11月7日）。つづけてこの報道に議員がショックを受けたという「苦情」があったことが「乱筆ノート」に掲載されると（11月10日）、「そもそも秘密会とはなんなのか！！」「議会というものは公開が原則である」という市議会の対応を批判する投書が寄せられた（11月13日）。原発に関連する議会や議員とのこまごまとしたやりとりをコラムに掲載し、読者がそれについての意見を述べ、さらに市議会議員がそれを読んで反応するという情報共有が、『吉熊』というメディアを介して行われていた。このようなコミュニケーションは、原発問題についての住民の関心が高まるほど活発に行われるようになっていく。

原発について最初に紹介された読者の声は、『毎日新聞』のスクープの2日後の「招かざるお客？　木本Mさんの見解」（71年10月27日）という記事だった。その後、11月から12月の2ヶ月間で17本の投書が掲載され、年が明け、原発反対運動が本格化し、議会・市長に対応を迫る世論が大きくなるとその数はさらに増えていった。72年1月は14本、3月議会を控えた2月には23本とほぼ毎日一本のペースで投書が掲載される。3月11日の市議会で原発受け入れ拒否決議が採択された3月の投書数はやや減って15本となっている[7]。『吉熊』には「社が始まって以来」の投書が寄せられ、そうした読者からの反応について

は、72年2月9日付のコラム「乱筆ノート」でも語られる。

> 「登載された原稿はすべて保管されているが、確かに、かなりの数に達している。／九十九％までが「原発反対」の意思表示であった。この問題に関しては姓名を名乗って寄せる人が多く、姓名在社が約半分であった。中には生まれて初めて投書したのではないかと思われる人のものもあった。（略）「読者に発言の場を与える」という本社の方針は今後も変わらない。」

　投書が投書を呼び、それに対してコラム欄を通じて編集者が答え、さらに新たな投書を呼ぶ。「読者に発言の場を与える」という方針どおり、それまで投書をしたこともなかった人たちまでも、『吉熊』を舞台に原発についての自分の考えを表明し、意見交換を行っていく。この化学反応はまるで、明治の新聞草創期に掲載された「民選議員設立建白書」とそれに刺激された多くの投書による論議の沸騰を思い起こさせる。

> 「当時の新聞には投書が連日掲載され、紙面の重要な要素となっている。そこにはニュース取材力の不足という新聞社側の事情だけでなく、既成の価値秩序の大きな変動に直面した人々の不満や意見という下からの大きな沸騰が存在していた。人々は意見表明の機会を求めており、建白書や新聞への投書として表れた。しかも、生まれたばかりの新聞という公示的メディアに載った投書は思いがけないところからの次の投書を触発し、それがまた次々と連鎖反応を引き起こすという機能を果たしえる。／投書という言論装置は、一回限りの意見表明にとどまらず、それへの反論をも呼び起こし、論議論争という開かれた言論空間を成立させる契機を内在させているのである。」
> （有山 2008：19-20）

　新聞草創期の一時期に新聞と読者のあいだに見られた双方向的なコミュニケーションは、原発をめぐる『吉熊』の紙面においても現出した。原発計画は、熊野の人にとってはまさに「既成の価値秩序」の大変動をもたらす出来事であった。原発について自分はどう考え、ほかの人はどのように考えているのか。意見を表明し、交換し、知る機会を熊野市民は求めていた。『吉熊』の投書欄は、沸騰している熊野市民の「不満や意見」を共有し、「議論論争という

開かれた言論空間」へと変貌していった。ではこの言論空間は、熊野における原発世論の形成においてはどのような役割を果たしていたのだろうか。

## （2） 市民相互のコミュニケーションの場としての『吉熊』

　一つの特徴は、投書欄が原発についての知識や意見、各地の原発反対運動などの情報を交換・共有する場となっていたということである。たとえばアメリカの放射線研究所の研究報告や原子物理の「科学的」「専門的」知識などが投書欄にはしばしば掲載されていた。また核の最終処分場がないといった原子力政策の問題点や、芦浜や浦神など原発計画地での住民分断の状況を伝えたり、四日市の公害問題にみる住民の健康被害と大企業の営利追求の姿勢を原発問題に絡めて論じるなど、原発や大企業が地域社会にもたらす問題点が提起されていた。投書欄のこうした機能は、結果的に『吉熊』に不足する取材力をカバーすることにもつながっていた。

　また原発をめぐる各地区・団体の動向や、編集者の雑感を伝えるコラムに対する反応も投書で寄せられる。たとえば市内商店街の若手からなる「商友会」が原発反対を表明し、市長らに要望書を提出したという記事（72年2月13日）に対し、「商友会の青年諸君ありがとう」という投書（2月15日）が掲載される。またある団体が主催した「名誉教授」の原発講演が「熊野市民をバカにした内容だ」という感想をコラムに書けば（2月17日）、「市民を愚弄するな"桧山講演"に反発」（2月19日）という投書で、コラムへの共感が伝えられる。

　読者の声はときに電話や新聞社への直接訪問によっても届けられ、それもまたコラムで読者に伝えられる。たとえばある読者に「中電の男たちとはコーヒー一パイも一緒に飲むな」と言われ、「記者は政治家じゃないんだから、活動はフリーな立場においてもらわねばならぬ」とコラムで反論する。投書とコラムによって、読者と『吉熊』との双方向のコミュニケーションが積み重ねられる。

　『吉熊』というメディアを介し読者は互いの考えや動向を知り、それに共感や反感をもつことで、原発問題に対する考えを深めていった。そしてこうした市民間の議論の沸騰は当然、原発に対する市議会・市長の政治態度への関心を高めていくことになった。

### (3) 市民と議会のコミュニケーションの場としての『吉熊』

　熊野市民の原発への関心が高まるほどに、原発計画をめぐる議会の動向にも注目が集まった。しかし議会での議論を市民がすべてチェックすることは難しい。また議会以外の非公式な場で、議員が原発についてどのような見解をもっているかを知る機会もほとんどない。『吉熊』は「傍聴席」という欄で議会の様子を記事にし、また議会外での議員たちの動向をコラムなどで伝えていった。議員は『吉熊』を通じて読者＝市民の反応や監視の目を意識する。その意味で『吉熊』は、市民と議会政治とをつなぐ言論空間も形成していたといえる。

　原発受け入れかどうかで市民の関心がもっとも高まった2月に掲載された一本の投書は、『吉熊』が果たしていた機能をよく表している。

>「私は十八才で住み込み女店員として働いています。先日、私のご主人が原発の本を読んでいるので、私も知りたいと思ってその本をお借りしてよみました。(略)／それで私は主人に市長さんは白紙といっているが、原発をつくるためには、こんな危険があるということを私共にわかり易い様に説明してくれて、その上でつくるかつくらんかをきめよといわんのですか、と言いますと、ご主人は、市長さんはとても忙しい人だが、若い人のいうことはよくきいてくれるという評判があるから、一つ新聞へ投書してみてはどうかといわれましたので、つたない筆をとりました。」(72年2月9日)

　住み込みで働く「18才の女店員」は、店主の影響で原発について興味を持ち、難しい本を頑張って読んでみる。そうして原発が危険だと考えるようになった彼女は、市長の態度に疑問を抱く。その声を市長に届けるために「ご主人」が提案するのが、『吉熊』への投書だった。投書欄が読者＝市民の声を、議会内の議員や市長に届ける窓口として認識される。そして実際、さきにみた「秘密会」についての記事や投書がそうであったように、『吉熊』に載った声に議員たちは敏感に反応している。『吉熊』は、議会外にいる自分たちが普段の生活のなかで、議会内の議員たちに働きかけ、政治に参加していくための一つの重要なルートとなっていたのである。

　『吉熊』の投書欄は、原発についての自分たちの意見を市議会に直接的に表

明する、選挙以外の方法となっていたとみることもできる。そして『吉熊』という地域紙は、議会政治と住民とを取り結ぶ「メディア」となり、住民の世論が議員の政治判断に大きく影響していたと考えられる。

## 4 　市民＝メディア＝議会の三位一体と民主主義

　熊野に原発計画がもちあがった時点において、『吉熊』は発表報道や告知以外に、投書やコラムなどで原発を取り上げ、熊野市民の「声」をより直接的に紙面に反映させていた。そしてときに『吉熊』は、単に情報の収集・発信のプラットホームとしてだけではなく、より生身に近い人間同士のやりとりをコラム欄などを通じて読者と行っていた。そのとき『吉熊』という新聞は単なる「紙」ではなく、熊野住民の「熱」がこもり、また発散される「議場」のようにもなっていた。

　『井内浦・熊野原発闘争史（一）』（1999）を読むと、実質的な原発拒否決議となった72年2月25日の全員協議会が、当初は非公開で予定されていたにもかかわらず市民の要望により公開となったことを伝えている。また「傍聴席や庁舎内での住民の異様な雰囲気もあって」「自らの意志に反して『時期尚早』と発言せざるをえなかった」議員もいたとも記されている（熊野原発反対闘争史編集委員会 1999：71）。まるで『吉熊』の紙面にみた読者の「熱気」が、そのまま議会に持ち込まれたかのようである。そして少なくとも第一期において『吉熊』は、市民の原発に対する政治的関心を継続的に喚起し、議会において市民の意見を考慮させる役割を担っていたといえるだろう。

　丸山（1996）は「政治行動というものの考え方を、（略）私たちのごく平凡な毎日毎日の仕事の中にほんの一部であっても持続的に座を占める仕事として、ごく平凡な小さな社会的義務の履行の一部として考える習慣――それが（略）デモクラシーの本当の基礎です」（丸山 1996：314）と述べている。

　熊野に原発問題が持ち上がった時、ほとんどの住民にとってそれは未知の、難しい問題だった。しかし自分たちの「平凡な毎日毎日の仕事の中」で、講演会や学習会に参加し、新聞や本を読み、住民同士で話し合ったり投書をして、熊野市始まって以来の問題にどう取り組むべきかを住民一人ひとりが考えて

いった。『吉熊』は市民のそうしたささやかな取り組みを「見える化」し、各地の人々の声を持続的に読者に、そして議会に届けていき、原発拒否という決議にいたる世論形成に大きな役割を果たしていたといえる。

「本来政治を職業としない、また政治を目的としない人間の政治活動によってこそデモクラシーはつねに生き生きとした生命を与えられる」（丸山 1996：315）のだとすれば、まさに「平凡な毎日毎日の仕事」のなかで熊野市民が積み重ねてきた「政治活動」こそが、議会を公開させ、議員に市民の「代弁者」としての民主的政治を行わせる力となって、原発を拒否させた。そしてこのとき『吉熊』という地域メディアが議会外と議会内の政治をつないだことで、市民の声が政治の力になり熊野の議会制民主主義が十分に機能することを可能にしていった。

原発という国策に抗い、住民が自分たちの地域の政治を決めていった熊野の反対運動。その歴史の一端にふれると、市民一人ひとりが「知る」こと、「声を上げる」こと、その動きにメディアが関与することが、どれほど大きな力となるかが実感される[8]。

熊野に「埋もれていた声」から私たちが学ぶことは多い。

【注】
1) とはいえ誘致を主導していたのは首長や行政で、地元住民は原発についてほとんど知らされていなかった。
2) たとえば1963年に原発計画のもちあがった三重県・芦浜では37年もの間、原発推進か反対かで地域が二分された。その分断は生活の隅々にまで暗い影を落とした。「道で子どもがつまずいて倒れる。助け起こす前に「（推進派か反対派か）どっちの子だろう？」と思ってしまう。あるいは正組合員の人数が両派拮抗しているので、相手派の誰かが亡くなったと聞いて拍手してしまっている自分に気づいて愕然とする。」（柴原 2015：27）
3) 「原発先進地を行く＝美浜・敦賀・浜岡の現地ルポ」（1971年11月27日〜12月14日・全15回）と「難航する原発候補地：浦神・古座・那智勝浦・大地現地ルポ」（72年1月26日〜2月9日・全13回）である。このような大型連載が組まれることは、全国紙やブロック紙・県紙のような取材網をもたない地域紙では珍しく、しかも域外での取材というかなり異例の企画であった。またこの連載の主旨は、原発の安全性や地域開発における重要性を、現地の住民によって語ってもらうというところにあった。
4) ただし原発再検討の投書はしばしば同一文書が『吉熊』『南紀』に送られており、両紙は「投書についてのお願い」という告知文を出して、他社と同一文書の場合、掲載しない旨を伝えている。

5) 第一期から原発反対の投書を書いていた人物による「反原発に冷酷な政治」という投書が3月27日に掲載された。
6) 吉野熊野新聞社ホームページより (http://www.yosikuma.com/company.html)。
7) 同時期の『南紀』の投書は1月が2本、2月は9本、3月が14本で、『吉熊』と比べて非常に少ない。また2月に掲載された投書9本のうち4本はかなり長文の「反対論」を4回に分けたもので、残り4本は匿名での「賛成論」だった。
8) 同時にメディアが大きくなればなるほど、影響の及ぶ範囲が広がる反面、市民からは離れ、市民と議会とをつなぐメディアの役割を果たしにくくなるというパラドックスを、原発をめぐる『吉熊』の報道スタンスの変化にみることにもなった。これは全国紙や地方紙といったより規模の大きい「マスメディア」としての新聞と市民との関係性に一層あてはまる問題であるだろう。

## 【参考文献】

有山輝雄 (2008)『「中立」新聞の形成』世界思想社。
奥田道大 (1967)「マス・メディアにおける地域社会の発見——沼津・三島地区石油コンビナート反対運動の事例分析」『新聞学評論』16号、56-67頁。
熊野原発反対闘争史編集委員会 (1999)『井内浦——熊野原発反対闘争史 (一)』。
熊野市教育委員会 (2014)『熊野市の文化財〔再版〕』。
柴原洋一 (2015)「三重県南島町 芦浜原発を止めた小さな町の記録」日本科学者会議編『原発を阻止した地域の闘い 第一集』本の泉社、17-34頁。
畑仲哲雄 (2014)『地域ジャーナリズム——コミュニティとメディアを結びなおす』勁草書房。
平林祐子 (2013)「「原発お断り」地点と反原発運動」『大原社会問題研究所雑誌』661号、36-51頁。
丸山眞男 (1996)『丸山眞男集 第八巻 1959-1960』岩波書店。
吉岡斉 (2011)『原子力の社会史——その日本的展開〔新版〕』朝日新聞出版。

## 【謝　辞】

本研究のための『吉野熊野新聞』のバックナンバー収集に際しては、谷川醇太郎氏をはじめとする吉野熊野新聞社のみなさまに全面的なご協力をいただきました。また原発反対運動にかかわっていた熊野の方々からも様々なアドバイスをいただきました。ここに改めて御礼を申し上げます。

# 第10章

## パブリックドメインから見たサイバースペースの未来
——個と集合は両立するか？

曽我　千亜紀

### 1　初期インターネット・コミュニティが夢見たもの

　インターネットの普及により、私たちの生活は大きく変容した。今や、多くの人々が携帯端末やコンピュータから日常的にネットにアクセスしている。そこで問題となるのは、サイバースペースが私たちに与える影響である。いわゆる〈現実〉世界とネット世界の折り合いをどのようにつけるのか、両者がよりよい仕方で相互作用するためにどのような展望が描けるのか、サイバースペースにおいて私たち個々人はどのような存在となるのか。サイバースペースとは時間と空間のヴァーチャル化の一つの形であり、まさに社会の大きな変動を体現している。私たちは好むと好まざるとにかかわらず、この変動へと巻き込まれている。

#### （1）　かつての幻想

　ヴァーチャル化の一つの実現としてのサイバースペースは、かつては理想主義のもとで捉えられてきた。身分、社会的地位、国境といった現実世界の限界や障壁を超えたところで新たなコミュニティが形成されるという漠然とした希望を人々は抱いたのである。初期のインターネット・コミュニティでは、たとえば、いわゆる直接民主制が実現されるといった期待があった。大学人やエリートなど一部の層のみがアクセス可能であった状態を当然のものとして、近い将来自由で平等な「開かれた空間」が実現されるのではないかという楽観的な展望が語られていたのである。

　そのような背景の中で、人々は次のような夢を抱いた。ネットワークによって知の効果的な共有がなされ、人々がリアルタイムで空間を超えて繋がること

によって、互いの能力を最大限に活かし合い、補い合うことができるのではないか。今まで埋没していた知や人間の能力が発見され、可視化され、サイバースペース独自の社会や文化が発展する。それはすなわち、人類全体にとって「善」なのだという幻想である。

　だがこの幻想は今の時点でもなお、夢にとどまっている。それどころか、このような夢はもはや崩れ去ったという悲観論が往々にして展開される。なぜなら、今のネット社会はむしろ人間のネガティヴな部分が目につくからである。ヘイトスピーチ、誹謗中傷、炎上、議論の成立しないコミュニケーション、等々。あたかもホッブズの想定する自然状態が繰り広げられているかのようである（曽我 2016）。私たちは未だに「社会化」できていない。

　ネットだからこそ可能な新たな文化が花開くという幻想がかつてあった。そこでは、個と全体という視点から言えば、両者は分けて考えられることがなく混じり合っていた。各個人にとっての善と全体としての善が直結して考えられていたからである。ところが、現在のネット社会を見る限り、個が自らの最大の利益を実現するために、他者を貶めることを厭わない様子が目につく。また、ネット社会を支える一部の大企業が利益を独占し、ネットにアクセスするために必要な費用をコントロールしたり、ユーザーからのデータを企業利益へと直結させたりしている[3]。社会や全体への視点を欠いたまま個が肥大している現状がそこにはある。

### （2）　個と集合についての問い

　このようにかつての夢と現状を踏まえたうえで、本章では次のような問いを出発点としたい。サイバースペースを理想郷のように捉えようとする立場はもはや通用しないとしても、私たちは違った形でこの空間の特質を活かすことはできないのだろうか。それは再度、サイバースペースが本質的に備えている特性へと立ち返り、この空間を改めて活用する途を探る可能性を問うことである。その特性はもしかすると、私たちの既得権益を侵したり、人間の悪なる部分を助長したりすることがあるかもしれない。しかしそれでもなお、私たちを取り巻く技術的変容の大きな流れに抗うことが難しい以上、その変容の特性をよりよく理解し、活かすような仕方で新たな概念構築を試みるべきなのではな

いか。ここではフランスの思想家ピエール・レヴィの構想する「集合的知性」intelligence collective（Lévy 1994＝2015）を基盤として、パブリックドメインやコモンズ[4]について考える。とくに注目したいのが、このようなシェア社会における個と集合の関係についてである。個と集合を区別することのなかったかつての幻想、そして、個ばかりが強調されるようになってしまった現状があるなか、パブリックドメインやコモンズを視野に入れながらも、個を消してしまうことなく、かといって全体への視点を見失わないあり方は果して可能なのか。

かつての幻想を超えて、私たちは新たな夢を構築できるのだろうか？

## 2　パブリックドメインと著作権

### （1）フリーであること

まず言葉遊びから始めようと思う。ある作品の著作権が消滅し、パブリックドメインに入ることをフランス語では *tomber* dans le domaine public（パブリックドメインに落ちる）と言う[5]。しかし、最近になって、*s'élever* dans le domaine public（パブリックドメインへと上昇する）という表現がなされるようにもなった。これはパブリックドメインに対するイメージの変化を意味している。「落ちる」というネガティヴな印象が「上昇する」という言葉によってポジティヴに変化したわけである。パブリックドメインに入った作品とは、いわば「無料であらゆる人々に使われてしまう哀れな存在」ではなく、「人々が自由に使用することができ、今後の創造に貢献しうるありがたき存在」なのである。

ところがこの「フリー」な存在は、様々な問題を引き起こし、制度の矛盾を指摘することになる。それらのうちで最も大きな矛盾は、現行の著作権保護がデジタル時代にそぐわなくなっていることであろう。従来型の著作権の考え方に固執する人々は、既得権益を手放すことができない。著作者自身だけでなく、それを取り巻く人々（出版社、映画会社等々）が既存の利益を守ろうとする[6]。それだけではない。著作権の保護期間を延長する動きも顕著である[7]。

そもそも、著作権の保護期間は国によって異なり、インターネットによって国境を越えることが容易になった現在、ある種の矛盾を生んでいる。たとえ

ば、カナダの著作権保護期間は著者の死後50年、フランスでは70年である。よって、フランス語圏にあるケベック大学図書館からはフランスでは不可能なデジタルテキストのダウンロードが可能である。

　有名な『星の王子さま』(*Le Petit Prince*) の著作権保護期間は、国によって大きな開きがある。著者のサン＝テグジュペリは1944年に逝去している。よって、カナダでは死後50年となる1994年から、すでにパブリックドメイン入りを果たしている。また日本では2005年に保護期間が終わり、新訳ラッシュがあった（本来の保護期間は50年だが戦争期間が加算された）。ところがフランスでは2044年まで保護されることになっている。これはサン＝テグジュペリがフランスのために亡くなった殉職者と認められているため、特別扱いされているからである。

　現在、フランスに住むフランス人は *Le Petit Prince* を公のものとして扱うことができない。一方、日本ではすでに保護期間が終わっているため、新訳のブームと共に、様々な解説書まで出版された。この時期、『星の王子さま』に注目する人々がたしかに増えたのである。そして、フランス人であれ、日本人であれ、カナダ人であれ、インターネットに接続しうる人々は、ケベック大学図書館から原文を自由に無料でダウンロードできるのである。この矛盾はいったいどう考えればよいのか。

## （2）　グーグル化する社会

　このような流れに対抗するように思われるのがグーグルである。大学図書館と提携して著作権の切れた本、あるいは絶版となった書籍をスキャンして検索できるようにし、膨大なデータを公開した。当然のことながら、このGoogleブックスの動きは出版業者や著作者から問題視され、著作権を侵害しているとして訴えられる。

　グーグルは一見、現行の著作権のあり方に疑問をつきつけているように思われる。知識の民主化を実現し、誰もが情報に容易にアクセスできるようにするという理想を掲げているかのようである。また、この動きはテキストのデジタル化と検索可能性を拡大するといった意味で、サイバースペースの特性にも合致している。だが、グーグルは別の仕方で利益の独占を狙う一私企業である。

個人情報を集め、ビッグデータを利用し、利用者の購買行動を予測し、広告によって巨大な収益を得ている（Vaidhyanathan 2011：162-163＝2012：220-221）。そこには全体への視点が欠けている。

このことからわかるように、グーグル化する社会が目指しているのはパブリックドメインやコモンズを広めるようなシェア社会では決してない。別の形でのビジネスである。

## 3　ビジネスと贈与の間

### （1）パブリックドメインの維持

では、パブリックドメインにはどのようなものがあり、何を目指しているのだろうか。そのプロジェクトについて、いくつかの具体例を見ていきたい。日本でよく知られているのが「青空文庫」である。ここでは著作権の切れたテキストが順次公開されている。またアメリカでは、マイケル・ハートによる「プロジェクト・グーテンベルク」という歴史あるデジタル図書館がある。どちらも電子化したテキストをネット上で無料公開している。またこれらプロジェクトは、営利目的ではなくボランティアによって支えられている（山田編 2010：180-201）。

アメリカの法学者ローレンス・レッシグは「作品を生かしておくには、支持者たちの自発的な貢献に頼るしかない」（Lessig 2008：167＝2010：157）と述べている。作品を活かすのは著作権ではなく、このようなプロジェクトの支持者であり、作品の読み手であり、文学を愛する者である。これは一つの知の共有の形が実現したものと言えよう。しかもインターネットの特性を活かし、人々の利便性をはかり、文化全体への寄与をも含んでいる。こうした知を支えるプロジェクトは非営利的に行われており、このようなプロジェクトに参加する人々の原動力は知への敬意であり、文化への愛であり、このような活動を支えていることそのものに対する矜持であろう。グーグルのような専有を目指す企業がある一方で、ビジネスとは別の原理で動いている人々がたしかに存在する。

ただし、この「無料」という点が強調されるとき、私たちはある種の警戒をする。創造活動に対する報酬が期待できない場合、その分野は衰退するのでは

第10章　パブリックドメインから見たサイバースペースの未来

ないか。あるいはまた、従来の著作権の考え方に全面的に賛同できないとしても、著作者の権利が侵害され、たとえば、彼らの生きる糧を奪うことになりはしないか。こういった懸念である。この点については第5節で詳細に検討するが、レッシグはビジネスとパブリックドメインのバランスを取る途を探ろうとする。

### （2）　ビジネス（商業経済）と贈与（共有経済）のあいだ

　パブリックドメインは、贈与（共有経済）的交換のネットワークの中に存在する。これはむしろ文化を駆動するためにあり、ビジネスや儲けのためではない。結果的にビジネスに繋がることがありうるにしても、その第一の目的はビジネスではないのである。

　ビジネス（商業経済）が隆盛を誇っているからこそ、パブリックドメインの存在意義が際立つ。言うまでもなく、すべてを贈与（共有経済）へと回帰させることはもはや不可能である。今は、あらゆる分野のあらゆる交換が、金銭という共通の指標によって測られている。たとえ、それを望まなくとも、私たちはわかりやすい単位を欲してしまう。しかしだからこそ、贈与（共有経済）の確保は喫緊の課題となりうるのではないか。

　とりわけ、デジタル情報はオリジナルを損なうことなく、オリジナルと同じ質量を保って複製される。複製はさらに複製され、複製の複製もまた複製され、もはやオリジナルとコピーの区別は意味を持たなくなる。身体的関わりの大きな分野（たとえば音楽、舞踊、彫刻、絵画）はオリジナルの重要性を比較的保ちやすいが、デジタル媒体によって支えられている文字テキストや写真、映画や動画などは、もはや複製が前提となっている。その中で著作権を保証し、従来と変わらぬ権利を保持し続けようとすること自体が矛盾を生む。コピーを禁ずるということは、デジタル情報の利点を活かさないどころか、アナログ情報の時代よりも消費者に不便を強いてしまうことすらある。よく引用される例がCCCD（コピーコントロールCD）である。パソコンでのコピーやネット上へのアップロードを抑制するために導入されたこの技術は、音楽ファンの不興を買い、結果的にCDの売上低下を招いたと言われている。ただし、CDの売上は減ってもネット上からのダウンロード数は伸びており、また、ライブやフェ

スの動員数も上昇している。音楽への関わり方が新たな環境によって変化を迫られたということである。

文化にとってアクセスの容易さは不可欠である。報酬よりも人々に知ってもらうことや、興味を持ってもらうことが第一なのである。ビジネスは結果的についてくる。だからこそ、当初はYouTubeへの違法アップロードに対して非常に厳格だった音楽業界が、今や逆に無料でプロモーションビデオ（PV）をアップロードし、その広告効果に期待するのである。

おそらく、コピーを前提にした文化は、今後ますます人々にとって常識となっていくだろう。そのとき、著作権をどこまで主張するのかが問題となる。

### （3） 著作権とは何の権利か？

まさに英語とフランス語と日本語の違いが、考え方の違いを際立たせる。英語では著作権はcopyrightであり、フランス語ではdroit d'auteurと表現される。英語ではまさに複製(コピー)を念頭に置いた権利である。フランス語では「著作者の権利」である。日本語の著作権はむしろフランス語に近い。著作権によって何が、どのように保護されるのか。

レッシグは次のように主張する。いずれにせよ、両極端、すなわち完全なる保護も全くのフリーもあり得ない。両極端の間でバランスを取らねばならない。こうしてレッシグは、現在のアメリカにおける状況を、著作権保護に偏りすぎていると断じ、フリーカルチャーを提唱するのである。商業経済と共有経済のあいだで、レッシグは敢えてパブリックドメインやコモンズの重要性を繰り返し主張する。

## 4 文化は何を目指すのか

意識的であれ無意識的であれ、文化は否応なしにビジネス（商業経済）に巻き込まれていくだろう。競売にかけられる美術品（現代アートとビジネスを切り離して考えることは不可能である）、コピーライトを厳密に適用したいと考えている音楽業界や映画業界、そして、図書館の存在にすら、ときに懐疑的な作家たち。パブリックドメインやコモンズに反発する流れは今後も根強く残っていく

ことだろう。

　その一方で、各文化の存在が維持され、栄え、豊かになることを、商業経済を第一に考える立場の人々も、共有経済を推し進めたい人々も共通して望んでいるに違いない。なぜなら、ある文化が先細りになってしまえば、ビジネスそのものが成り立たないし、後継者も望めなくなってしまうからである。そのためにはその文化に関わるハードルは低い方がよい。アマチュアはプロを支えるのである。

　ここでもう一つ、興味深い事例を紹介したい。映画の断片を組み合わせて作り上げたフランスのカルト映画 La Classe Américaine : Le Grand Détournement (1993)[9]である。この映画は全編コラージュでありながら一つの作品として成立している。具体的に言えば、ジョン・ウェイン、ロバート・レッドフォード、ダスティン・ホフマンなどが出演している『捜索者』(1956)、『リオ・ブラボー』(1959)、『大統領の陰謀』(1976)等々の映画を切り貼りして作り上げられている。同じ俳優があるときは保安官を、あるときは刑事を演じているが、それには構わず、複数の映画を横断してシーンが切り取られ、ストーリーが展開する。セリフは吹き替えで『市民ケーン』へのオマージュとも言うべきシナリオとなっている。

　この作品はCANAL+（カナル・プリュス）というテレビ局で一度だけ放映された。しかし、著作権の問題があり、ビデオ化やDVD化はされず、その日に視聴した人々――しかも放映はCANAL+の有料チャンネルだったため限られた人々であった――、あるいは個人的に録画した人々の間でのみ話題となるものであった。ところがインターネット時代を迎え、この映画を忠実に再現しようとするプロジェクトが始まった。サイトの運営者は使用されている全映画のDVDを揃え、ときには数秒しか使われていないシーンを探し出すのに力を注いだ[10]。その作品は現在YouTubeにアップされている。

　この再現のために人々は舐めるように映画をチェックした。あるシーンがどの映画から切り取られたものであるかを情報交換し、協力してコラージュを作り上げたのである。結果的に、このプロジェクトに参加する人々は自然と映画を発掘し、繰り返し視聴し、映画文化の一端を担ったわけである。匿名のもとで行われたこの一連の流れは、純粋なる映画再現への興味と、それに貢献でき

る歓び、そして何よりも楽しみから生まれたのであった。

　ここでは、コピーを禁ずるという理念から出発する著作権保護とは異なる世界が展開されているのである。

　そもそもこの映画が作られた目的は何か。ある一つの映画だけではなく、映画文化全体に対する、いかにもフランスらしい壮大なオマージュである。見た者のうちに、オリジナルの作品に遡りたくなる欲望をかき立てた映画であった。

　字を読める人が少なくなれば、文字テキストに関わる文化は衰退していくだろう。文章を書き、読める人の地位は相対的に貴重なものとなり、優位を保つことはできるだろうが、周縁の文字文化を享受する人々の層が薄くなってしまえば、そのような優位性は意味を持たなくなる。音楽についても同様である。音楽は、文字とは違い、リテラシーがなくとも聴くことはできる。だが、聴くにあたって、様々な権利がハードルを上げてしまうと、音楽に触れる機会は減り、周縁層も薄くなるだろう。音楽そのものを聴かない（聴こうと思わない）人々が増えれば、ミュージシャンの価値も相対的に下がる。そして音楽の価値を測り、様々な価値基準を生み出し、多様性を担保する運動もまた力を失うのである。これは絵画や、あるいはまた学問についても同様である。

　可能性を拓くことの重要性を念頭に置くべきである。たとえプロフェッショナルを生み出さないとしても、潜在的なプロを生み出し、アマチュアや愛好家を生み出し、いつかその文化を愛するかもしれない（しかし愛さないかもしれない）人々のためにその文化への途をつけておくこと、これを蔑ろにしてはならないのである。これはまさに鶴見俊輔の論じた「限界芸術（Marginal Art）」であろう。アマチュアによるアマチュアのための表現が文化の裾野を広げるのだ（鶴見 1991：6 - 7）。

　重要なのは文化が生み出した結果だけではない。見事な芸術作品のみが重要であって、その他は文化に貢献していないと考えてはならない。なぜなら、芸術作品に関わること、すなわち、鑑賞したり、批評したり、アマチュアが制作を試みたりすることが、文化を支えているからである。そのような運動を活性化するためには、各々がある程度自由に、そして容易に文化にアクセスできることがのぞましい。そして、芸術作品を鑑賞し、評価しうるのは、その文化を

よく知り、愛する人々なのである。

## 5　集合と個の新たな関係の構築を目指して

### （1）限界費用ゼロ社会における個の存在

　第3節（1）で述べたように、著作者の権利とパブリックドメインの対立について改めて考察してみたい。

　パブリックドメインやコモンズを支える思想は、ある種の特権を著作者に約束する著作者の権利とは相容れないように思われる。それだけではない。この思想を突き詰めていくと、著作者の権利どころか、個それ自体がもはや成立しないのではないかという問いへとたどり着く。人々は、何らかの個人や企業の表現物や創作物や生産物を、お金を出して入手するのではなく、シェアしたり自分で作り出そうとしたりするのではないか。たとえば、『限界費用ゼロ社会』（Rifkin 2014）で予測されているように、今後は、情報が共有され、物を生産するためにかかる様々なコスト－限界費用（マージナルコスト）がゼロに近づく社会となる可能性がある。誰もが気軽に自らが消費する物を作り出すことができる社会、誰もが生産消費者（プロシューマー）となる社会が到来するのではないか。様々な技術が開発され、テクノロジーが発展し、ネット上で情報が気軽にシェアされている現状からすると、この予測はかなりの説得力を持つ。そのとき、権利や利益や手柄は個人や一企業に帰されるのではなく、コミュニティ全体のものとなる。

　それは、フランスの哲学者ロラン・バルトが提起した「作者の死」という概念と非常に親和性が高い。バルトによれば、あるテキストや作品は織物のようなものであり、いわばネットワークの中に位置している。すでに存在する様々なテキストの断片から織りなされる作品のオリジナリティは作者一人に帰されるものでは決してないとバルトは主張する。作品は開かれているのだ（Barthes 1970＝1973）。インターネットが一般化する以前になされたこの指摘は未だに大きな意味を持っている。作品や生産物の作者である個はどのように評価されるのか、あるいは個を評価したくなることそれ自体がすでに幻想にすぎないのだろうか、という問いから私たちは逃れることができない。これは著作者の権利を確保したい人々にとっても、パブリックドメインの強化を望む人々

にとっても大きな問いである。

　たとえばすでに、コンピュータとソフトさえあれば誰もが音楽を奏でうるし、デッサンしうる。3Dプリンタを使用して陶磁器をコピーすることも、デジタル化された絵画をコピーしたり、そこに手を加えたりすることも可能である。設計図さえあれば誰もが同じものを生産しうるという状況の中で、個の能力や作品への関わりはどのように評価されるのか。

## （2）　レヴィによる集合的知性

　もし、コミュニティの中で個が埋没してしまうのであれば、人々の創作や生産へのモチベーションは維持できるのかという疑問が浮上するであろう。全体や集合のためという目的だけで個は創作や生産へと向かうことができるのだろうか。あるいは、ほんの一握りの特権的な個が力を持ち、その他の多くの人々は平凡で何ら特殊な能力を持たない者として忘却され、一般の人々は、互いに交換可能で、誰であっても同じといった程度の存在意義しか持たなくなるのか、という問いもまた突きつけられるであろう。

　フランスの思想家ピエール・レヴィは、誰もが異なる諸能力を持ち、ある人の諸能力と別の人の諸能力は決して重なりえないと言う（Lévy 1994：27＝2015：38）。だからこそ、そのような諸能力を可視化することによって、ネットワークを活用して能力の需要と供給を効率的に結びつけることが、サイバースペースでは可能となるのではないかというヴィジョンを描いたのである（Authier et Lévy 1992）。誰もが何かを生産しうるとしても、それらは決して同じものとはなりえない。つまり、新たなテクノロジーがこれまでは一部の企業やプロのものであった道具立てを一般の人々に提供し、創造や生産のハードルを下げるのである。そして、それでもなお、否、だからこそ、各自の生産物の差異や独自性が際立つだろう。同じボーカロイドに歌わせるとしても、どんな作曲をするのか、同じ3Dプリンタと設計図を使いながらも、どんなアレンジを加えるのか。すべての人々がある程度のレベルの生産物を作り出すことができる——しかもほぼコストゼロで——ようになったあとの世界では、今とは全く異なる評価や価値基準と経済システムが構築されるであろう。

　レッシグが主張する商業経済と共有経済のバランスを取るようなシステムと

いうよりも、全く新たな経済システムが到来するという予測のもとで考えるべきである。デジタル時代の著作権とパブリックドメインを改めて組み立て直すべきときが来ている。今後は集合を豊かにするという目的が共有されるであろう。だからといって個が消失するわけではない。集合が豊かになれば、個もまた豊かになる。なぜなら、個は集合から何かを得ることができるからである。また逆に個だけが肥大していくわけでもない。その個が生み出すものは集合の糧となるからである。そのためには、copyright よりもむしろ、droit d'auteur について考えることが重要となる。なぜなら、コピーを許しても、改変すら認めても、「私」が為したことそのものが消えるわけではないからである。そして、バルトの「作者の死」を踏まえてなお、私たちはどのような作者や個を主張できるのか、さらに検討することが要請される。

著作者の権利とパブリックドメインは対立するものではない。著作者を、属人的に考えるのではなく、その作品を表象する一つの記号として捉えてみればよい。仮にそのような記号が付与されてはいるが、その記号の背後にはその一つ一つの作品に連なる過去の様々な作品、文化、歴史が控えている。たまたまある作者がその作品を作り出したのかもしれないが、必然性よりも偶然性が、あるいは、個別性よりも歴史性がまず先に来る。コモンズとはまさにこのことを意味しているのだ。

おそらく、これまでのような仕方で企業や作家やアーティストは存在できないであろう。かといってこのような存在が完全に消失するわけでもない。おそらく個は消え去るのではなく、変容する。文化や歴史をコモンズの中で理解してなお残る何ものかが、個と呼ばれるようになる。それは予め前提とされるものでも、誰もが保持しうるものでもない。だが、自ら消費する物を作り出す生産消費者として、集合の中から生ずるものが個となる。

パブリックドメインやコモンズの中から新たな形態の個が生まれ、集合との相互的関係を築いていくことだろう。こうして私たちは新しい夢を見ようとするのだ。

【注】
1) レヴィは、アクチュアルなものや実現されたものが、いったいどのような存在なのか

と問題化される過程をヴァーチャル化と捉え、問題が創り出され、再び解決に至る運動について論じている（Lévy 1995＝2006）。この議論は様々なレベルで展開されるが、具体的にはヴァーチャル企業の例などを考えるとわかりやすいだろう。
2) たとえば、グーグル化する世界を批判的に論じているシヴァ・ヴァイディアナサンは、1990年代にはデジタル・ネットワークが人類の直面している問題を解決する手段となりうると考えていた（Vaidhyanathan 2011：xii＝2012：13）。
3) ヴァイディアナサンは次のように指摘している。一部の企業によって情報のインフラや検索システムが独占されている状態にあり、情報が常に操作されている。しかもそのような操作について、普通、ネットに接続する人々は意識することはない。これは自由とも平等ともかけ離れた状況であり、しかも、そのような状況を「（少なくともネット普及以前よりは）人々の自由は高まり、平等にも近づいている」と思わされてしまっている。これがグーグル化の問題である（Vaidhyanathan 2011：84＝2012：120-121）。
4) とりわけ環境社会学においてコモンズが主要なテーマとして論じられることが多いが、本論におけるコモンズとはレッシグのそれ——コモンズ理解としてはかなり大雑把なものではあるが——に拠るものとする（Lessig 2001：20＝2002：40-41）。すなわち、誰であれアクセスすることが許される共有地といった意味である。今後の議論を先取りして言っておくと、本論では人々に共有され、利用されたり使用されたりしても枯渇することのない文化や情報のコモンズを考えていく。
5) 福井健策が図らずも「パブリックドメインになってしまう」（福井 2005：64）という表現を用いているが、ここにも tomber のニュアンスを読み取ることができるだろう。
6) レッシグ（2008＝2010）『REMIX』「はじめに」を参照のこと。
7) レッシグ（2004）『FREE CULTURE』第13章に著作権保護期間延長についての経緯が詳しく書かれている。
8) とはいえ、3Dプリンタや音楽ソフトなど技術の進化とともに、身体性の優位も問い直されていることは指摘しておきたい。
9) アカデミー賞を受賞した作品『アーティスト』（2011）で有名となったミシェル・アザナヴィシウス監督が、ドミニク・メズレット監督と組んで撮影した。
10) ウェブサイト "La Classe Américaine"（http://cyclim.se, last visited, 30 September 2016）にその様子が記されている。

## 【参考文献】

曽我千亜紀（2016）「群衆から集合的知性へ」『人間環境論集15』大阪産業大学、139-150頁。
鶴見俊輔（1991）『鶴見俊輔集6　限界芸術論』筑摩書房。
富田倫生（1997）『本の未来』アスキー。
福井健策（2005）『著作権とは何か——文化と創造のゆくえ』集英社新書。
山田奨治編（2010）『コモンズと文化——文化は誰のものか』東京堂出版。
Authier, Michel et Lévy, Pierre（1992）*Les arbres de connaissances*, La Découverte.
Barthes, Roland（1970）*S/Z*, Seuil.（＝1973、沢崎浩平訳『S/Z』みすず書房。）
Lessig, Lawrence（2001）*The Future of Ideas*, Random House.（＝2002、山形浩生訳『コ

モンズ』翔泳社。）
――― (2004) *FREE CULTURE*, Penguin Press.（＝2004、山形浩生・守岡桜訳『FREE CULTURE――いかに巨大メディアが法をつかって創造性や文化をコントロールするか』翔泳社。）
――― (2008) *REMIX*, Bloomsbury.（＝2010、山形浩生訳『REMIX――ハイブリッド経済で栄える文化と商業のあり方』翔泳社。）
Lévy, Pierre (1994) *L'intelligence collective*, La Découverte.（＝2015、米山優ほか訳『ポストメディア人類学に向けて――集合的知性』水声社。）
――― (1995) *Qu'est-ce que le virtuel ?*, La Découverte.（＝2006、米山優監訳『ヴァーチャルとは何か』昭和堂。）
Rifkin, Jeremy (2014) *The Zero Marginal Cost Society*, Palgrave Macmillan.（＝2015、柴田裕之訳『限界費用ゼロ社会』NHK出版。）
Vaidhyanathan, Siva (2011) *The Googlization of everything : and why we should worry*, University of California Press.（＝2012、久保儀明訳『グーグル化の見えざる代償――ウェブ・書籍・知識・記憶の変容』インプレスジャパン。）

# 第3部

# 新しい社会変動論の可能性

第 11 章

社会のハイブリディティに関する理論的研究
――グローバル化時代の社会変動論のために

内海　博文

## 1　グローバル化と社会概念の困難

　現代において社会変動を論じようとすれば、グローバル化の概念に全く触れないことは難しい。それはこういうことである。
　グローバル化の概念史を試みている M. スティーガーらによれば、グローバル化という言葉の使用はすでに1930年代に見られる（Steger and James 2015）。だが劇的な拡がりをみせるのは、90年代以降である。「『グローバル化』が、重大な社会変動を理解しようとしていた一般の人びとの言説やアカデミックな言説において爆発的なエネルギーをもって拡がったのは、1990年代である」（Steger and James 2015：3）。流行になるのが急激だったこともあり、グローバル化の概念に関する共通理解は十分に確立を見ていないとしばしば言われてきた。D. ヘルドらは、99年という比較的初期にグローバル化をめぐる議論を整理し、グローバル化論の有名な3つの理念型を示した（ヘルド他 2006）。なかでも、世界中の人びとがグローバルな市場の規律に服するようになる新しい時代としてグローバル化を捉えるハイパーグローバル主義者と、ハイパーグローバル主義者の言うグローバル化は19世紀から進行中の事態を誇張したイデオロギー的な神話にすぎないとする懐疑論者の対比は、グローバル化の存在自体がグローバル化論の主要な争点であったことを物語る。
　だが、グローバル化概念の流行からすでに20年あまりが過ぎている。グローバル化をめぐる理解に何の変化も見られないわけではない。スティーガーによるグローバル化のコンパクトな概説書は、2003年の初版から17年で第4版を数えるが、そこではグローバル化という現象の存在自体はもはや争点とされていない[1]。議論の前提にあるのは、グローバル化が事実であると同時にイデオロ

ギーでもある、という理解である。スティーガーは、グローバル化のイデオロギー的次元に注目して、グローバリズムを3つの理念型に整理する（Steger 2017：109-127）。自由市場という規範を追求する市場派グローバリズム、グローバルな連帯や分配的正義を求める正義派グローバリズム、宗教的価値を守るためのグローバルな動員を志向する宗教派グローバリズムである。またグローバル化と教育政策の関係を論じるF. リズヴィらも、スティーガーの観点に似た、グローバル化を理解する3つの視点を提示している（Rizvi and Lingard 2010：22-43）。経験的な事実としての側面、イデオロギーとしての側面、人びとのアイデンティティ意識や願望といった社会的想像力の変化という側面である。

　これら近年のグローバル化研究に見て取れるのは、グローバル化という言葉が同時代の経験的事実の新しさを表象するために用いられた時期を経て、現代の社会変動を分析するための概念として人文学・社会科学に徐々に登録されつつあるという変化である。

　グローバル化が人文学・社会科学の基礎概念になるにつれて、人文学・社会科学の既存の基礎概念にもさまざまな変化が起きている。社会変動もそうした基礎概念の一つに数えられる。というより社会変動の概念は、グローバル化概念の興隆に伴って最も変化を被りつつある概念の一つだといえる。そこで争点になっているのは、変動の概念はもちろんだが、それ以上に、変動の起こる単位とされた社会という概念である。従来の社会変動論が前提としてきた社会の概念に、グローバル化の概念が壊滅的な打撃を与えつつあるからである。「グローバリゼーションは社会変動論に決定的な影響を与える。というのは、変動という現象の生起する『社会』という地平そのものについて、再検討が促されるからである」（厚東 2011：78）。

　グローバル化に伴う社会概念の困難については、多くの論者が指摘してきた。なかでも社会学者の厚東による整理は、簡にして要を得ている（厚東 2011：84-100）。厚東は現代における社会概念の困難を、自己充足性の基準・比較・内発的発展論という3つの思考習慣として整理する。すなわち、従来において社会の概念を定義する基準とされてきたのは、自己の存続に必要なすべての機能を自らの力で作り出し、他社会からの機能の供給を必要としない

という、自己充足性ないし自給自足性である。自己充足性を基準に定義されることで、社会は生物学的な種の概念に相当する独自の存在として構成される。各社会の独自性を確定するために用いられるのが比較である。比較では、あらゆる社会に共通する変数が設定され、各変数の値とそれらの組み合わせによって各社会の特徴が明らかにされる。社会が内的な変数の束として構成されることで、社会の変化は内的な要因に由来するものと捉えられる。内発的発展を基準とすることで、社会の外発的発展は劣った社会変動とみなされる。もとより、こうした完全に自己充足的な社会など現実には存在しない。だがそうした社会概念に多くの人文学・社会科学の研究が依拠してきた。グローバル化概念の浸透のなかで決定的に突きつけられてきたのは、こうした社会イメージの限界である。

　グローバル化時代においてあらためて社会変動論を展開しようとすれば、社会の概念に対する理論的な再考が欠かせない。社会概念をどのように再考すればいいのか。それによって、社会変動に対してどのような視野が開けるのか。これらの問いに一つの道筋を提示すること。これが本稿の課題である。

## 2　時間と空間の再考

　空間と時間の捉え方をめぐる近年の議論に触れることから始めよう。厚東が指摘した社会概念の困難は、自己充足性という空間像と内発的発展という時間像に深く関わる。空間と時間の表象をめぐる近年の問い直しは、グローバル化時代にふさわしい社会概念を考えるうえで参考になるはずである。

　手がかりとして取り上げるのは、地理学者 D. マッシーと歴史学者 L. ハントの議論である（マッシー 2014；ハント 2016）。両者とも考察に際して念頭に置いているのは、今日支配的なグローバル化論である。グローバル化を経済や科学技術を動力とする不可避のプロセスと捉えるそれは、大衆的・政治的・ジャーナリスティックな言説に広く浸透している。こうしたグローバル化論には多くの批判が投げかけられてきた。いわく、不可避の自然の法則であるかように語られるそれは、人為的に世界をそういう具合に作らんとするイデオロギーである。またそうしたイデオロギーによって推進されるグローバル化の影響はきわ

だって不均等であり、貧困や不平等といった多くの問題を生んでいる。にもかかわらず、こうしたグローバル化論があたかも唯一無二の物語であるかのように流通してきた。それは地理学や歴史学にも大きな影響を与えており、それらのあり方にさまざまな問題を提起している。こうした観点からマッシーとハントは、各々のディシプリンに足場を置きつつ、グローバル化時代の地理学や歴史学を模索する。地理的な空間と歴史的な時間をめぐる想像力を、グローバル化時代にふさわしい形で問い直すのである。

　まずマッシーが空間概念をめぐって解きほぐそうとするのは、空間を時間の欠如として定義する従来の思考習慣である。しばしば時間は、世界が本質的に備える運動や流れ、生成変化やダイナミズムを意味するとされ、これに対して空間は、そうした世界から動きを奪って固定化する静的なカテゴリーとして批判されてきた。こうした空間の想像力が顕著に現れたのがモダニティをめぐる理解である。モダニティ論では、境界づけられた静的な空間というイメージに基づいて、世界から動的な性質が奪われ、社会や文化が他とは切り離された独自の固定的な統一体と想像された。そしてこれらの諸空間ないし諸社会・諸文化が、進化や文明化といった単一の時間のなかの異なった段階として解釈された。これは空間による時間の征服、つまり時間の空間化として知られる。だがマッシーによれば、それは時間による空間の征服でもあった。唯一の物語のなかに空間の表象が配置されることで、空間の孕む多様性が無視され、単なる時系列上の段階的な多様性として処理されたからである。

　グローバル化論の興隆とともに、空間に対する多大な関心が寄せられてきた。境界づけられた静的な空間という従来の想像力とは対照的に、境界のないグローバルな空間とその内部での自由な流動性や相互接続といったイメージが浸透してくる。だがマッシーによれば、グローバル化が喚起する空間のイメージは、モダニティ論のときと驚くほど変わっていない。単一のグローバルな空間というイメージのなかに、分断されてきた空間が組み込まれる。組み込まれた空間は、不可避的に進むグローバル化という時間のなかの、段階的多様性として処理される。空間のあいだに生まれる流動性や相互接続は、静的な諸空間を横切る越境的な流動性や相互接続として想像される。ここでもまた、そもそも空間が多様性の領域であるとは想像されていない。空間を、相異なる時間性

を備えた同時代的な他者が共在する異種混淆性の領域として想像し、それが本質的に持つはずの多様性や敵対性、未来の非決定性や政治的可能性を認識することに失敗している。マッシーからすれば、現在覇権的なグローバル化論は、空間を構成する相異なる物語の同時代性を無視するという点で、空間的であるどころか全く非空間的である。「私が言いたいのは、このグローバリゼーションの物語は空間化されていない、ということである」（マッシー 2014：173）。社会理論と政治的思考の徹底的な空間化により、同時代的な異種混淆性を認識し、それらの間の交渉を通じて相互構成的な関係性という社会的なものを開いていくこと。これがマッシーの企図である。

　これに対しハントは、歴史学の歴史を簡潔に振り返ることを通じて、現代にふさわしい歴史学的なメタ物語を模索する。歴史学は、19世紀後半から20世紀初頭に学問の体裁を整えるが、それは国民の物語を語ることによってであった。第二次世界大戦後になると歴史学は、マルクス主義・近代化論・アナール学派・アイデンティティの政治といった、マクロな歴史的発展に包括的な解釈を与えるメタ物語を採用していった。だが1960年代以降のさまざまな文化理論――ポストコロニアリズム、カルチュラル・スタディーズ、構造主義、ポスト構造主義、ポストモダニズム、言語論的転回、文化論的転回など――の興隆のなかで、文化を中心に据えた歴史的分析が数多く生み出されていく。文化の自律性に注目する歴史学は、従来の歴史学的なメタ物語が共有してきた、社会から文化を説明するという前提や国民の物語を目的論的に語るといった前提を掘り崩していった。だが文化理論的な歴史学は新しいメタ物語を与えなかった。そこに歴史学は、マクロな歴史的発展に包括的な解釈を与えることが難しくなった。歴史学においてグローバル化論が影響を持つようになるのは、この文脈においてである。文化理論が破壊したはずの、経済を動力にした不可避のグローバル化という目的論的なメタ物語を再び主張することで、グローバル化論は歴史学をあらためてマクロな歴史的発展の研究に導きつつある。

　ハントは、現在のグローバル・ヒストリーに見られるマクロな歴史への関心に、一定の評価を与える。だがグローバル・ヒストリーが、経済を動力とした不可避のグローバル化という、新たな目的論的なメタ物語を採用することには強い警戒を示す。文化理論の成果と限界を熟知するハントが求めるのは、目的

論的なメタ物語を避けつつ、包括的な歴史的発展への関心を呼び起こすようなメタ物語である。このためにハントは、自己と社会という歴史叙述の基礎概念の再考を試みているが、そこに導き出されるのは、他社会との相互依存に開かれたメタ物語である。一例としてハントは、特定の商品や民族ネットワークに焦点を合わせた、ボトムアップな視座に基づくグローバル・ヒストリー研究を挙げる。境界を越えたモノや人の移動は、媒介的な相互作用の空間を作りだしたり、それを支える装置を発明したりすることで可能になる。そうした社会間との相互作用の展開は、人びとの嗜好や選択の変化と相互依存の関係にある。自己と社会の変化を、他社会との相互作用に開かれた非目的論的なメタ物語のなかで解釈すること。これがハントの見取り図である。

　これらの議論を社会概念の再考に引きつけていえば、次のような示唆が得られる。マッシーによる空間概念の再考は、社会概念につきまとってきた自己充足性という特徴づけに、真っ向から対立する。同時代的な他者が共在する異種混淆性の領域として想像されたその空間概念は、社会もまた異種混淆的な空間として想像されるべきであることを示唆する。またハントによる歴史学的なメタ物語の再考は、社会概念につきまとってきた内発的発展の物語と、真っ向から対立する。他社会との相互作用に基づく非目的論的なメタ物語として想像されたその時間概念は、社会もまた他社会との相互作用のなかで想像されるべきであると示唆する[2]。

　他社会との相互作用に開かれた異種混淆的な空間としての社会。これがマッシーとハントの議論から得られる、社会概念の再考に向けた手がかりである。

## 3　社会のハイブリディティ

　マッシーとハントから得られる示唆に似通った方向で、社会概念の再考を試みているのが、上述した厚東（2006：2011）である[3]。厚東による社会概念の再考は、グローバル化というより、近代化論における近代日本の経験の位置づけ方への疑義を、そもそもの出発点とする。

　社会変動にはさまざまなバリエーションがあるが、それらを整理する一つの仕方に、内発的発展論と外発的発展論という区分がある。社会の変化を考察す

る際に、社会の内生的な要因から説明するのが内発的発展論である。これに対し、社会の外生的な要因から説明するのが外発的発展論である。内発的発展論と外発的発展論は、社会変動論の単なる2つの様式ではなく、価値の序列に結びついてきた。純粋な内発的発展はノーマルな社会変動のあり方であり、外生的な要因によって社会の純粋性が失われる外発的発展は、内発的発展より劣った逸脱的な形態とされてきた。内発的発展に価値を置くこうした見方は、社会学で長らく愛好されてきた。

　近代化論は内発的発展論の代表的なものである。近代化論は、20世紀の社会認識の基本的な解釈図式であった東西南北図式に基づいて、第二次世界大戦後に流行をみた。東西南北図式は、社会主義と資本主義を表す東西を横軸とし、途上国と先進国を表す南北を縦軸とする座標軸をイメージし、そのどこかにあらゆる社会を位置づける思考様式で、科学やメディアから国際政治まで大きな威力を発揮した。この図式に基づいた近代化論は、資本主義的な先進国をモデルに、歴史的趨勢の終着点としてのモダニティ（近代性）を抽出し、それに至る過程を理論化したものである。西欧の近代化をモデルにした近代化論は、社会の内生的な伝統とモダニティの闘争を重視した。近代化論は、植民地解放後の途上国の開発に関する理論として、アメリカを中心とする西側諸国で興隆をみた。

　近代化論から見た場合、日本の近代化は典型的な外発的発展である。明治期以降の近代化は、西欧産のモダニティとの接触という外的な要因によって進展してきたからである。そこに日本の近代化は、純粋な内発的な近代化からの逸脱形態と見なされ、土着的伝統の残存による遅れや歪みが指摘されてきた。

　こうした議論に根本的な変化が見られ始めるのが70年代以降である。まず東西図式が失効し始める。これには60年代のD. ベルのイデオロギーの終焉論やT. パーソンズの体制収斂論といった先駆的議論があるが、その流れを決定的にしたのがポストモダン論である。70年代以降、社会変動の趨勢を表す言葉として、ポストモダンの語が西欧を中心に一世を風靡する。ポストモダン論は、その名が示すように近代化論批判である。近代化論は、モダニティを歴史的趨勢の終着点とみたが、ポストモダン論は、同時代をモダニティが変質ないし消失しつつある時代、あるいはモダニティが乗り越えられたモダン以後の時代と

みる。モダン以後の特徴とされるのが、異質な諸要素の張り合わせを意味するパスティーシュ（混成）などである。ポストモダン論の興隆とともに、東西の対比に代わってモダンとポストモダンの対比がさまざまな領域で支配的になった。

　東西の分析力の低下に対し、南北という区分は相対的に地位を上昇させた。なかでもA. G. フランクの従属論やI. ウォーラーステインの世界システム論は、南北を別々にではなく、一つの同じ世界（経済）システムを構成する要素として捉える視座を示した。ここでも批判の対象とされたのは近代化論である。内発的発展論である近代化論は、途上国がモダニティに至りえない原因を、途上国の内的な条件にあるとみた。これに対し、従属論や世界システム論は、周辺の南に対する中心の北による永続的な従属化ないし搾取という外生変数が、原因であるとみた。だが南北の関係が理論的に洗練される傍らで、それに反する現実が現れてくる。周辺とされた南の諸国が、20世紀末に至って中心である北を脅かす存在へと移行し始める。新興工業経済地域（NIEsないしNICs）や東南アジア諸国連合（ASEAN）、BRICsなどの台頭はその事例である。ここに南北という区分も分析力を喪失し始め、代わって姿を現してくるのがグローバル化の概念である。グローバル化という見方は、外生的な要因やグローバルなシステムを重視する点で従属論や世界システム論を継承しているが、南北の区別を固定化しないという点で従属論や世界システム論と異なっていた。90年代以降グローバル化論は、それまでのポストモダン論に代わって一世を風靡するようになる。

　以上のような東西南北という座標軸の失効のなかで、近代化論の有効性も失効していった。それに伴い、近代日本の経験の位置づけ方も変化してきた。近代化論ではプレモダンの残存としてネガティブに評価された近代日本の経験は、ポストモダン論の文脈では、ポストモダンの先駆としてポジティブに評価されたり、南北の相互移行という文脈では、経済的発展の先駆としてポジティブに評価されたりした。

　厚東が提示するのは、これらと部分的に重なりながらも部分的に異なる捉え方である。まず厚東は、ポストモダン論におけるモダニティの変容という指摘に注目する。またポストモダンと近代日本の経験のあいだに現象的には酷似し

た部分があることも認める。だがそれらが成り立つメカニズムは全く異なる。西欧での経験をもとに、モダニティが時間的推移のなかで自生的に変わっていく過程を表したのが、ポストモダンの概念である。これに対し、近代日本の経験に見て取れるのは、西欧産のモダニティが非西欧圏への空間上の移動によって変質していく過程である。

　近代化論による想定とは違い、モダニティにとって非西欧圏への移転は付随的現象ではない。西欧のモダニティを特徴づけていたのは、高度の移転可能性である。生まれ故郷の西欧という文脈を離れても有効に作動し、異なった文脈とも混成しうるという性質ゆえに、モダニティは世界の隅々まで広がることができた。モダニティにとって移転が本質的な現象ならば、それを通じた変質もまた本質的である。非西欧圏へのモダニティの移転は、土着的伝統との相互作用を引き起こす。モダニティと土着的伝統の混淆をハイブリッド化と呼べば、それは近代日本の和魂洋才に見られるように、ポストモダンの特性と酷似する現象を生む。このようにモダニティは、西欧的特性に染め上げられたものでもないし、すでに完成をみたものでもない。モダニティの変質には、時間的推移によるものと空間的な移転によるものがある。ポストモダンと呼ばれる前者に対し、後者を厚東はハイブリッドモダンと命名する。近代日本の経験は、モダニティの空間的な移転によるハイブリッドモダンの典型的事例と捉えられる。

　ここでいうハイブリッド化に関し、厚東は次の二点を補足する。第一に、モダニティが別の場所に移転するとは、モダニティがそのまま移転することではない。モダニティの移転は、移転元と移転先の相互作用のなかで生じる。厚東はモダニティ移転の単位として切り出されるものを、B. アンダーソン（2007）の概念を転用して、モジュール——「特定範囲の情報を用いて特定範囲の資源使用が行われているような、情報‐資源処理の相対的に自立したシステム」（厚東 2011：37）——と呼ぶ。モダニティのモジュール化は、オリジナルな制度を移転しやすいように規格化する移転元と、オリジナルの制度を移転しやすいかたちで選び出す移転先のあいだの、相互作用のなかで決定される。

　第二に、移転されたモダニティは、移転先でそのまま定着するわけではない。移転先の諸要素と結合することではじめて定着する。その際モダニティは、移転先の土着的伝統との結合を通じて新しい意味を付与される。同様に土

着的伝統も、モジュール化されたモダニティとの結合によって変容を被る。相互作用のなかでモダニティと伝統がともに創発的に再編されることで、モダニティは異なる文脈でも円滑に作動するようになる。モダニティと伝統の創発的再編のプロセスが、厚東のいうハイブリッド化である。

　そしてこうしたハイブリッドモダン論を、厚東は90年代以降に興隆をみるグローバル化論にも接続する。ハイブリッドモダン論からすれば、モダニティはそもそも世界中に移転するが、その速度と規模の増大を特徴とするのがグローバル化である。ならばグローバル化とは、世界規模でハイブリッドモダン化が推し進められていくプロセスである。

　だがこうしたグローバル化を分析するうえで、自己充足性を基準とした社会概念は不適切である。これについてはすでに述べた。ここに厚東は、ハイブリッドモダン論に基づいた社会概念の再考を試みる。そこで提起されるのが、社会のハイブリディティ（異種混淆性）という視点である。ハイブリディティの概念によって厚東が示唆するのは、社会の２つの水準に見られる、構造の多様性と統一性である。第一に、他社会との相互作用に開かれた、個々の社会の多元性と統一性である。社会は、自己充足的ではなく、他社会との多元的な相互作用に開かれており、それを通じてハイブリッド化が生じていく。ハイブリッド化によって創発的に再編される多様なモダニティと伝統を一体のものとしてまとめあげるところに、社会は成立している。第二に、個々の社会を越えた、社会の多元性と統一性である。この社会を生みだすのは、諸社会にまたがって拡がる多元的な相互作用であり、諸社会を横断する多元的な相互作用に基づいて、個々の社会を越えたより包括的な社会が生まれてくる。ハイブリッド化がモダニティと土着的伝統の接触と創発を表す時間的メタファーだとすれば、ハイブリディティはハイブリッド化を可能にする社会の多元性と統一性を表す空間的メタファーだといえる。

　社会のハイブリディティという見方により、厚東は、他社会との相互作用に開かれた社会と、それら諸社会を横切る相互作用によって構成される社会という、新しい社会のイメージを提示する。そしてグローバル化の理解には、こうした社会を構成する相互作用への注目が必要であるとする。この理論的立場を、厚東はマクロ・インタラクショニズムと命名する。

厚東による社会概念の再考は、前節で見たマッシーとハントの示唆と重複する。社会のハイブリディティという視点は、社会の自己充足性の基準や内発的発展の優位といった難点をすり抜けるとともに、人・モノ・情報・資本等の境界横断的な移動やそれとともに生じるハイブリッド化を、社会との結びつきのなかで認識する道を開く。比較論は、社会のハイブリディティや相互作用、ハイブリッド化などを分析するうえで依然として重要な手法だが、社会概念が異なるため、対象を内発的に発展する自己充足的な単位として構成する効果は小さくなる。

厚東が提起する社会のハイブリディティという観点は、社会概念の理論的なリハビリテーションに一つの方向性を与えるものである。

## 4　ゾーンからの社会変動論

厚東による社会概念の理論的な再考をふまえれば、社会変動を次のように捉えることが可能になる。社会変動とは、社会を構成する多元的な相互作用を重要な作用因とする、ハイブリッド化や社会のハイブリディティ、相互作用のあり方の変化のことである。

この理論的イメージに具体性を与える経験的研究はいくつか挙げられるが、なかでも興味深いものの一つが、人類学者 A. オングによる特区論である（オング 2013）[4][5]。オングが照準を合わせるのは、アジア諸国における新自由主義の展開である。オングは新自由主義を、グローバルな資本主義によって形成される均質な政治経済的環境とは捉えない。新自由主義を、さまざまな政治空間を移動し、各地域のさまざまな統治環境や経済環境と相互作用し合う論理とみなす。新自由主義の論理が、さまざまな土着の政治経済的空間と結びつくところに、単一ではない多様な政治経済的環境が成立する。こうしたハイブリッド化が生じるメカニズムの一つとしてオングが注目するのが、特区である。

東アジアや東南アジアの諸国は、新自由主義の論理と結びついていく過程で、権威主義的あったり社会主義的であったりする国民国家の領域内部を、非連続的な空間（ゾーン）に分割し、例外的な新自由主義的な空間を設定してきた（例外としての新自由主義）。労働区域・旅行区域・資源区域・生産区域・科

学技術区域・自由貿易区域・投資区域などである。これら特区は、租税・労働者の権利・監視・シティズンシップ・社会福祉・優遇措置といった仕組みのあり方によって、他のゾーンから区別される。それにより各特区は、国境を越えた多元的な相互作用のなかに置かれ、海外からの投資や企業の誘致、技術移転や専門知識の流入を引きつけていく。国家は、みずからの領土のなかにグローバル資本に適合的な空間を用意したり、そこでの経済活動を支える法的な手続きや実践を強化するといった、グローバル資本に対する仲介者・インフラの提供者・安価な労働力の提供者を演じることで、新しい正当性を獲得する。こうした主権のフレキシブルな運用を、オングは段階づけられた主権と呼ぶ。

　こうして生みだされる特区は、しばしば人種、エスニシティ、宗教、ジェンダーなどに関わるヒエラルキーと深く絡み合っており、シティズンシップの縮小や停止を伴う。またそれは、リスクを省みない態度やライフチャンス、権利を新しく創出したり、勤勉さやチームワーク、関係の重視といった価値観を、伝統的なものとして再創造したりする。ハイブリッド化によって生じたこうした諸要素を一つにまとめあげるところに、東アジアや東南アジアの諸国は成立している。さらに、これら特区を通じた諸国にまたがる相互作用は、政治的な対立や緊張を越えてトランスナショナルな想像の共同体を形づくるようにもなっている。

　特区に関するオングの議論は、厚東のいう社会のハイブリディティやそれに基づく社会変動のイメージと、かなりの程度重なり合う。オングの経験的な研究は、厚東の理論的な研究を受肉化させるうえで有益な事例を提供する。それだけではない。経験的な事例という位置づけからさらに踏み込んで、オングの特区論を敷衍することで、社会のハイブリディティというイメージをより実用的にすることも可能である。それはこういうことである。

　特区は本来、文字どおり、特別なゾーンである。現代日本にも特区構想が多く存在する。だが、そもそも特区という見方は、アジア諸国における例外としての新自由主義の考察を越えて適用しうる。たとえば特区と呼ばれずとも、過去にも外国人居留地などの特区的な空間が存在した。これら比較的明確なゾーンだけでなく、都市は他社会との相互作用という点で特区的な性質を相対的に強く有する。逆に日本の特定の地方が、ある点で国境を越えた相互作用のなか

にある場合もある。むろん日本ばかりでなく、たとえば中央アフリカ共和国を考えても、首都のバンギは、各種の国際機関や二国間・多国間関係、NGOなどとの相互作用のなかにあるという意味で、他の地域に対して特区的な性格を有している。逆に中央アフリカ共和国の別のゾーンが、首都バンギとは異なる越境的な相互作用のなかにある場合もある。日本や中央アフリカ共和国といった社会は、種々のゾーンを内包しながら一つのまとまりとして成立している。また特区的な空間をつなぐ国境を越えた相互作用は、日本や中央アフリカ共和国といった諸社会を越える、リージョナルな社会を生みだしている。このように、字義通りの特区に限らず、さまざまな水準や規模の空間を、境界を備えた社会と境界横断的な社会の、両方に属する空間として捉え直すことが可能である。

　これを整理すれば次のようになる。社会のハイブリディティやそれに基づく社会変動といった理論的イメージを経験的研究に接続していくうえで、ゾーンの概念は有益である。ゾーンという見方に関してとりわけ重要なのは、境界を備えた社会と境界横断的な社会の両方に属していることである。いいかえれば、ゾーンは境界内部の相互作用に開かれていると同時に、他社会との境界横断的な相互作用にも開かれた空間である。これらゾーンにおいて生じる境界内外の多元的な相互作用を通じて、人・モノ・情報・資本等が移動し、ハイブリッド化が生じていく。ハイブリッド化によって新しく生じた諸要素は、境界を備えた社会および境界横断的な社会に組み込まれていくなかで、社会のハイブリディティのあり方を変えていったり、諸社会の相互作用のあり方を変えていったり、ハイブリッド化のあり方を変えていったりする。

　厚東は、諸社会の相互作用のメディアとしてモジュールに注目したが、モジュールにのみ注目すると、どうしても文化のハイブリディティに議論が傾斜しがちになる。これに対し、ゾーンを諸社会の相互作用を媒介するメディアと考えれば、モジュールを介した文化のハイブリディティを、社会のハイブリディティや諸社会の相互作用と結びつけて分析しやすくなる。ゾーンの概念は、文化と社会のハイブリディティにともにアプローチすることを可能にする。

　では、ゾーンの概念に基づいてグローバル化と呼ばれる現代の社会変動にア

プローチすることで、どういった課題が浮上するのか。諸社会の相互作用は、グローバル化のなかで初めて現れてきたわけではない。グローバル化の概念が流行する以前から、それは社会変動の一つの推進力であったはずである。それゆえゾーンからのグローバル化論を展開する際には、グローバル化の概念が流行する以前と以後において、以下のことがどのように変わってきたのかを比較することが、基本的な課題になる。ゾーン、ゾーンを媒介にした境界横断的および境界内的な相互作用、相互作用を通じたハイブリッド化、ハイブリッド化によって創発された諸要素が諸社会に組み込まれていくプロセス、ゾーンを含めた諸社会のハイブリディティなどである。これらがグローバル化概念の流行とともにどのように変化してきたのか。こうした問いをめぐって経験的分析や概念の構築を積み重ねていくことが、ゾーンからのグローバル化論の課題の端緒になる[6]。

むろんグローバル化は、現代の社会変動論にとって唯一の素材ではないし、おそらく最重要のテーマですらない。だがグローバル化が社会変動論に与えるインパクトは、無視しがたい意義を持つように思われる。社会変動論の可能性や問題性といった、かつてさまざまに論じられた問いを、新しい角度からあらためて考察する一つの契機として、である。

ゾーンからの社会変動論は、現在主流のグローバル化論とは別の社会変動論の可能性を引き出すうえで、少なくとも一つの足がかりにはなるだろう。

【注】
1) 同書の初版および第2版は日本でも翻訳されている（スティーガー 2005；2010）。ここでは最新の第4版を参照した。
2) なお、マッシーが空間の再考に際して多元的な時間に注目し、ハントが時間の再考に際して多元的な空間に注目しているのは、興味深い。
3) 本節では厚東による社会概念の再考を近代化論との関係を中心に整理したが、内海（2017）では人類学のハイブリディティ論との対比を始発点に整理した。両者は補完的である。
4) 厚東はそうした経験的研究の一つとしてM. ヴェーバーの『古代農業事情』を挙げている（厚東 2012）。
5) 厚東がハイブリッドモダン論の着想にあたって手がかりにしたのが、ヴェーバーの「普遍的な意義と妥当性」というフレーズである（内海 2017）。オングもまたグローバルな現象へのアプローチを検討する際に、同じヴェーバーのフレーズに注目する（Col-

lier and Ong 2005：10-11)。オングらは、ヴェーバーが用いる「普遍的」という語の意味を2つの水準に分け、さまざまな文脈と結びつきうるという意味での「普遍的」という観点に基づいた、グローバルな現象へのアプローチを提起している。厚東と同じアプローチである。
6) ゾーン、相互作用、ハイブリッド化、ハイブリディティといった見方のもとで具体的に何に注目するかは、研究者の関心に依存するだろう。これについては稿を改めたい。

## 【参考文献】

アンダーソン、ベネディクト（2007）『定本　想像の共同体――ナショナリズムの起源と流行』白石隆・白石さや訳、書籍工房早山。
内海博文（2017）「ハイブリッドモダンとグローバル化」友枝敏雄・浜日出夫・山田真茂留編『社会学の力――最重要概念・命題集』有斐閣。
オング、アイファ（2013）『《アジア》、例外としての新自由主義――経済成長は、いかに統治と人々に突然変異をもたらすのか？』加藤敦典・新ヶ江章友・高原幸子訳、作品社。
厚東洋輔（2006）『モダニティの社会学――ポストモダンからグローバリゼーションへ（叢書・現代社会のフロンティア5）』ミネルヴァ書房。
―――（2011）『グローバリゼーション・インパクト――同時代認識のための社会学理論（叢書・現代社会学④)』ミネルヴァ書房。
―――（2012）「社会学の古典を読む（四）　ヴェーバーからグローバル化を診る眼」『ミネルヴァ通信「究」』No. 011、44-45頁。
スティーガー、マンフレッド B.（2005）『グローバリゼーション（〈1冊でわかる〉シリーズ)』櫻井公人・櫻井純理・高嶋正晴訳、岩波書店。
―――（2010）『グローバリゼーション（〈1冊でわかる〉シリーズ)〔新版〕』櫻井公人・櫻井純理・高嶋正晴訳、岩波書店。
ハント、リン（2016）『グローバル時代の歴史学』長谷川貴彦訳、岩波書店。
ヘルド、デイヴィッド、アンソニー・マグルー、デイヴィッド・ゴールドブラット&ジョナサン・ペラトン（2006）『グローバル・トランスフォーメーションズ――政治・経済・文化（中央大学社会科学研究所研究翻訳叢書1)』古城利明・臼井久和・滝田賢治・星野智訳者代表、中央大学出版部。
マッシー、ドリーン（2014）『空間のために』森正人・伊澤高志訳、月曜社。
Collier, Stephen J. and Aihwa Ong eds.（2005）*Global Assemblages: Technology, Politics, and Ethics as Anthropological Problems*, Blackwell.
Rizvi, Fazal and Bob Lingard（2009）*Globalizing Education Policy*, Routledge.
Steger, Manfred（2017）*Globalization: A Very Short Introduction (Very Short Introductions)*, 4th Edition, Oxford University Press.
Steger, Manfred and Paul James eds.（2015）*Globalization: The Career of a Concept (Rethinking Globalizations)*, Routledge.

エピローグ

# 現代において社会の変化を論じるということ

内海　博文

## 1　社会変動論の衰退？

　いつの時代もそうなのかもしれないが、現代においても「社会が大きく変わりつつある」とよく言われる。そのわりには、「社会はどこに向かって変化しているのか」を包括的に記述しようとする研究や、「なぜそうした社会の変化が起きているのか」を全体的に説明しようとする研究は、かつての人文学・社会科学に比べると、あまり活発ではないように思われる。社会の変化の方向性に関する記述的研究、および、社会の変化のメカニズムに関する説明的な研究を社会変動論と呼ぶならば、社会変動論は現在それほど人気のある領域とはいいがたい。

　一例を挙げよう。人文学・社会科学のなかでも社会学は、社会変動論の展開に特に積極的な分野だと言われる。「社会変動は、社会学的な研究にとって常に中心的な関心事であり続けてきた」(Chase-Dunn and Babones 2006：1)。だがその社会学でも近年では次のように言われる。「1960年代までは、マルクス主義と、その対抗理論としての近代化論ないし産業化論が、それぞれ社会変動論の包括的な準拠点となってきた。60年代後半以降それらへの批判が高まるにつれて、現代社会学は総合化の準拠枠、社会変動研究の理論的枠組を次第に希薄化させてきたのである」(金子・長谷川 2008：6)。かつての社会学には社会変動に対する強い関心や包括的な認識枠組が存在していた。近代化論はその典型である。これに対し現代では、社会変動論と聞いて、かつての近代化論のような包括的な理論枠組を思い浮かべることは難しい。グローバル化という、社会変動の現代的トレンドを表す言葉はあちこちで聞かれるが、それを記述・説明するための基本的な概念や包括的な理論が着実に蓄積されてきているとは言

いがたい。社会変動論の衰退とでもいえる状況である。

　だが、社会変動論は本当に衰退しつつあるのか。本書の最後にあたるこの小論では、一見衰退にも映る社会変動論の現状を、社会変動論のあり方が変わりつつあることの現れとして解釈する。そうすることで、現代における社会変動論の一つの可能性を考えてみたい、というのが本章のねらいである。

## 2　社会変動論の拡張

　現代において社会変動論は、衰退しているのではなく、あり方が変化しているのだとすれば、それはどのような変化か。比較的見えやすいのは、社会変動論が外および内へと拡張してきたという変化である。

　なかでも、外へと向かう社会変動論の拡張は見えやすい。これにはF. ブローデルやI. ウォーラーステインといった先駆的議論があるが、現代において社会の変化が語られる場合、好んで言及されるのはグローバル化である。グローバル化は、1990年代以降、社会変動のトレンドを表す言葉として急速に流行してきた。その言葉によって強調される変化は論者によって異なるが、国境を越えた人・モノ・資本・情報等の移動やグローバルな相互依存の高まりを強調する点ではおおむね共通してきた。またそうした変化の主要因として、グローバルな市場経済や情報技術の発展を挙げる点でも似通っている。グローバルな市場経済や情報技術の発展により、人・モノ・資本・情報等の国境を越えた移動が活発になり、グローバルな相互依存が高まりつつある。社会変動に関するこうした記述や説明が現代では頻繁になされている。その点からいえば、衰退しつつあるのは、議論を国境の内部に限定した従来的な社会変動論のあり方であり、ナショナルな単位の外へと拡張された社会変動論は、むしろ活発になってきたといえる。

　これに対し、内へと向かう社会変動論の拡張は、いささか見えにくい。だが社会変動論の変化としては、一般的には、外への拡張よりも内への拡張の方が早い。そのことは冒頭の引用でも示唆されている。そこでいわれている社会変動研究の退潮は、グローバル化論が流行し始める90年代を待って始まるのではない。60年代の後半以降、それは衰退し始める。そこで問題にされたのは、従

来の社会変動論が自認する普遍主義やその認識の偏りである。たとえば近代化論は、近代西洋の特定の現象が普遍的であると自明視し、それ以外の地域の現象を単なる客体として扱ったり価値の低いものとみなしてきた。そうした社会変動論のあり方が問題視された。いいかえればその批判は、従来の社会変動論が単なる客体と扱ったり無価値とみなしてきた対象に、主体性を認めたり認識上の価値を付与していく動きであった。こうした社会変動論の変容に関する例証は多いが、たとえば歴史学における文化史の興隆はその一齣といえる（バーク 2008；ハント 2016）。一部のエリートや政治経済的な現象にのみ注目して描き出されてきた歴史を、より幅広い人びとの多彩な実践へと開いていき、そうした人びとの実践を単なる社会構造の反映としてではなく歴史を創造するものとみなす、という視点の転換である。この点からいえば、衰退しつつあるのは、視点を一部の人びとや現象に限定する従来的な社会変動論のあり方であり、より広範な人びとや現象に注目するような、いわば内へと拡張された社会変動論は、むしろ活発になってきたといえる。

　以上のように見るならば、社会変動論は、衰退しているどころか、一方ではナショナルな単位を越えたより広い領域を扱うものとして外へと拡がりつつあり、他方では限定的な側面を越えたより広範な領域を扱うものとして内へと拡がってきたといえる。より広くより深いコンテキストに基づいて社会変動を捉えるようになってきた、という社会変動論の拡張である。

## 3　社会変動論の錯綜

　だがこうした社会変動論の拡張は、必ずしも社会変動論の活性化につながっていないように見える。なぜか。社会変動論の拡張に伴う、複雑さの増大と単純さの回帰として、それは捉えられるかもしれない。

　まず過度の単純さから言えば、それが見られるのは、特に社会変動論の外への拡張においてである。先に触れたように、現在主流のグローバル化論は、グローバル化を経済や科学技術という特定の側面から捉え、またグローバル化という目的に向かって進む不可避的な過程であるかのように記述することが多い。こうした目的論的で還元論的な社会変動論は、これまでの社会変動論の知

見に照らしてみれば、問題含みである。社会変動の特定の側面にしか主たる関心を持たないという点で、それは社会変動論というには貧相である。またグローバル化を不可避の到達点とみなし、それにそぐわない経験的事実を逸脱として規範的に批判しがちなその議論構成は、目的論的なイデオロギーとして批判されてきたものである[1]。ゆえに、これまでの社会変動論の知見に多少とも馴染んでいれば、こうしたタイプの社会変動論をみずから積極的に展開しようという論者はそう多くない。たとえ、この手の宿命論的な社会変動論に乗っかって、グローバル化に伴う不可避のリスクや、それに対する最適化の技術や倫理としての個人の能力強化や自己責任を一面的に強調したがる人は、それなりにいるとしても、である。この意味で外へと拡張する社会変動論は、社会変動論の活性化にはつながりにくい。

　むろん社会変動論の外への拡張は、目的論的で還元論的な議論だけを生んでいるわけではない。グローバルもしくはトランスナショナルな相互作用に注目した経験的研究が、歴史学や人類学を中心に生み出されている。たとえば歴史学では、先のグローバル化と区別してL. ハントが「ボトムアップな視座」と呼ぶ、グローバル化の歴史的研究が挙げられる。アジア諸地域やラテンアメリカ諸地域などを舞台とする、脱領域的なモノの交換や人のネットワークに注目した研究が展開されている（ハント 2016：68-76）。これらの研究は、先の単純なグローバル化論とは異なる社会変動論を生み出す可能性を持っている。「ボトムアップな視座は、根本的なかたちでグローバリゼーション・パラダイムを見直すことを可能とする」（ハント 2016：73）。

　ただし、国境横断的なモノや人のネットワークに関する経験的研究は、展開の途上にある。そこから浮かび上がってくる社会変動の像はまだ明確ではない。「ボトムアップな視座を支持するものは、通常は暗黙のうちにではあるが、トップダウンのマクロ経済的なプロセスとしてのグローバリゼーションという、現在のパラダイムの欠点を指摘している。しかし、彼らは依然としてそれに代わるものを提示していない」（ハント 2016：82-83）。そもそも個々の経験的研究の多くは、社会変動論の刷新を直接には意図していない。なかにはそうしたことを重視すべきではないと考える人びともいる。また、たとえ社会変動論の刷新を意図しても、もしそれが、グローバルないしトランスナショナルな

相互依存における、近代ヨーロッパ以前におけるアジア諸地域等の優越性やヨーロッパ諸地域の後発性といったものを強調するにとどまるならば、従来の西洋中心主義的な社会変動論や、場合によっては宿命論的なグローバル化論とも、根本的に変わるところはない。近代ヨーロッパの発展や現代のグローバル化に前史が付け加わったり、発展の物語の主語がヨーロッパからアジアやラテンアメリカに変わったりするだけである。そうした陥穽をくぐり抜けてこれらの経験的研究が社会変動論を刷新するには、時間が必要である。少なくともそれまでは、個別の経験的研究の蓄積によって社会変動の全体像はかえってとらえどころのないものになる可能性すらある。その意味で、こうしたタイプの外へと拡張された社会変動論も、少なくともすぐには社会変動論の活況につながりにくい。

　似たようなことは、内へと向かう社会変動論の拡張にも指摘できる。あるいは、こちらの方がもっと早くから展開されてきただけに、得られる示唆はより大きい。やはり歴史学での文化史を例にとれば、先に触れたように、それは高級文化への注目とそれに対する社会的条件に基づいた説明という時期から、より広範な人びとの文化への注目とそれが社会的条件に対して有する相対的な自律性の認識という時期を経て、さらには社会的なものの文化的構築の認識へと、議論の歩を進めてきた。「意味を決定する諸要因の階層秩序を転倒させることで始まった地殻変動は、歴史学のあらゆる領域においても感じられていた」（ハント 2016：28）。そこに生み出されてきた成果は多い。ポストコロニアリズムやフェミニズムの影響を受けた歴史学の興隆に見られるように、従来の歴史学において排除ないし隠蔽されていた対象へと認識を拡大したり、西洋中心主義的な普遍主義や時空間像といった、従来の歴史学において自明の前提とされてきたものに対する再検討を引き起こしてきた。

　だが内へと向かう社会変動論の拡張には、批判も投げかけられてきた。なかでもこの文脈では、社会的なものの文化的な構築を強調することで、真理をめぐって深刻な懐疑が広がったり、諸個人のミクロな現象に関心をよせるあまり、マクロな社会変動に対する目配りが乏しくなってきた、といった批判が重要である。自らも優れた文化史を著してきたハントはいう。「文化理論は、パラダイムを再建するというよりは、破壊したにすぎない。文化はある種のがら

くた入れになってしまい、その過程で文化は解釈上の力を失っていく」(ハント 2016：41)。ここでも個々の経験的な研究は、先の下からのグローバル化論同様、社会変動論の刷新を意図していないことが多い。また、そもそも内へと向かう社会変動論の拡張は、客観性への深刻な疑義を伴っている。そのため社会変動論の刷新を図ろうにも、いわば底が抜けた状態である。さまざまな場所と時期における実践や表象、道具やモノ、記憶や儀礼に関する個別の経験的研究を蓄積しても、それらを相互に結びつける枠組がないために、社会変動の全体像はとらえどころのないものになる。その意味で内へと拡張された社会変動論は、社会変動論の活況には必ずしもつながってこなかった。

以上のように、下からのパースペクティブに基づいた外へと向かう社会変動論の拡張、および、内へと向かう社会変動論の拡張は、個々の研究の意図がどうであれ、社会変動論の刷新につながる可能性を持っている。だが少なくとも現時点では、社会変動論の刷新よりもむしろとらえどころのなさを生み出している。そしておそらく、現代の社会変動論に見られるこうしたとらえどころのなさを一因として、還元論的で目的論的なグローバル化論の興隆がもたらされている。とらえがたい複合的な社会変動の記述や説明に従事するより、目に付きやすくデータとしても扱いやすい現象に対象を絞ったり、その変化に目的を与えて社会変動の複雑性を縮減する方が、はるかに簡単であるし広く受けもいいというわけである[2]。

社会変動論のあり方の変化を以上のように捉えるならば、次のようにいえる。現在の社会変動論は、外と内への拡張という方向性が明らかなわりに、結果として生み出されている社会変動論の姿形はとらえどころがないか、過度に単純である。その意味で社会変動論の錯綜とはいえるかもしれない。

## 4　社会変動論と想像力

前節までは社会変動論のあり方の変化を、あくまで学問内部の変化として捉えてきた。だがそれを、さらに広いコンテキストと結びつけて捉えることも可能である。現在における社会変動論の錯綜、あるいは、とらえどころのなさとして映るものは、社会変動論の外と内への単なる拡張によってもたらされたと

エピローグ　現代において社会の変化を論じるということ

いうより、より広い社会変動の現れだと解釈するのである。このように捉えるには、社会変動と社会変動論の関係を再考する必要がある。それはこういうことである。

　冒頭で触れたように、社会変動論とは一般的に、社会変動に関する記述的・説明的研究のことである。そこで前提とされているのは、当たり前だが、社会変動と社会変動論の明確な区別である。現実の社会変動があり、それを記述・説明するのが社会変動論だというわけである。

　だが少し考えれば明らかなように、社会変動と社会変動論を厳格に区別することは、そう簡単ではない。社会変動論は、社会変動に多分に影響を与えられており、かつ、影響を与えているからである。いわば社会変動論は「社会の変化という夢」という性質を持っており、それらの描く社会変動の姿が肯定的なものであれ否定的なものであれ、社会変動のなかで生み出され、社会変動を駆動する一因となっている。こう考えれば、社会変動と社会変動論の区別は自明ではない。むしろ社会変動論自体、社会変動の一部をなしているものとみなさざるをえない。

　こうした観点から先の社会変動論の内外への拡張を見ると、次のように言える。まず内へと向かう社会変動論の拡張が顕著になり始めるのは、上述したように1960年後半以降である。この学問的な認識の深化は、同時代の社会運動やポストモダン的な思潮といった、狭く学問界に限られない動きと連動していた。それらは、利害関心の渦巻く現実の社会変動のなかで近代化論等の社会変動論が生み出され、翻ってそれが社会変動を駆動してきたこと、またそれによって排除や隠蔽がさまざまに生み出されてきたことへの批判を共有していた。客観性への疑義は、社会変動と社会変動論の関係に対する批判的な問い直しの、より直接的な学問的表現である。同様のことは、下からのパースペクティブに基づいた、外へと向かう社会変動論の拡張にも当てはまる。一般にこれらにおける客観性に対する疑いは、内へと向かう社会変動論の拡張の場合ほど強くはない。とはいえ社会変動論が社会変動の一部であったことへの認識は、明確に存在する。特に新興諸国のポストコロニアルな経験に基づいて、社会変動論と社会変動との結びつきに対する批判が生じ、それがさまざまな社会運動やポストモダン的な思潮とも連動しながら、従来の社会変動論が排除ない

し隠蔽してきたものへの認識の拡張を後押ししてきた。

　社会変動と社会変動論の関係をめぐるこうした認識の変化において中核をなしているのは、学問的な観察者が特定の枠組に基づいて一方的に社会変動を記述・説明することが困難になってきたという事態である。学問的な社会変動論が特権的なポジションを喪失するということは、学問的な社会変動論と社会変動についての日常的な想像力を厳格に区別することが原理的に難しくなったことを意味する。社会変動が、一部の特権的な社会変動論だけでなく、普通の人びとにおけるさまざまな「社会の変化という夢」によって、いっそう駆動されるようになってきわけである。

　この点に関して示唆に富むのがA. アパデュライの想像力論である（アパデュライ 2004）。アパデュライによれば、現代をそれ以前から切断しているのは、主に電子メディアによる媒介の変容と人やイメージの大規模な移動である。ただしアパデュライは、メディアや移動そのものより、それらが想像力の作動を変化させてきたことに注目する。かつては一部のエリートや特殊な能力を授かったカリスマ的な個人に限定されていたり、日常生活とは区分された特定の領域に限定されていた想像力が、この数十年のあいだにあり方を変化させてきた。電子的な媒介や大規模な移動のなかで、普通の人びとが日常的な生活実践として想像力を働かせ始めたのである。「現在のわれわれが生きる世界の現実として重要なのは、地球上の多くの者たちが（想像の共同体ばかりでなく）想像の世界で生活を営んでおり、そのため、公式的な精神や企業家の心性がもたらす想像の世界に覆い尽くされていても、それに異議を差し挟む能力も、さらにはそれを転覆する能力さえも手にしている、ということなのだ」（アパデュライ 2004：70）。トランスナショナルな「ディアスポラの公共圏」の出現は、想像力が新しい役割を獲得してきたことの一つの現れである。こうした変化をアパデュライは、E. デュルケムの集合表象論をあらためて引き合いに出しながら、社会的事実としての想像力と表現する。この想像力論に基づいてアパデュライは、人びとが多元的な想像の諸世界を生きているとする有名なランドスケープ論を展開し、それらランドスケープ相互の乖離やその増幅に根ざした現代のグローバルな文化的フローを論じている。

　以上のような想像力の変化と学問的な社会変動論の変化を組み合わせれば、

次のようにいえる。先に社会変動論の錯綜と呼んだものは、内外への拡張による社会変動論の複雑性の増大という、単なる学問内部の変化によって生じてきたのではない。日常的な想像力のあり方が変化し、学問的な社会変動論の地位が低下してきたという、より広範な社会変動の一部であると考えられる。つまり、社会変動に関する日常的な想像力が新しい役割を獲得してきたという社会変動に合わせて、学問的な社会変動論も内外への拡張を遂げてきた。その結果、社会変動論の複雑性は増大し、そのなかで学問的な社会変動論は、一方で非常に複雑でとらえどころのないものになってきており、他方で非常に単純なものになってきたのである。

もはや学問的な社会変動論は、社会変動についての日常的な想像力を無視できない。これが、社会変動のなかで社会変動論が置かれるようになってきた位置である。

## 5 社会変動論の可能性

社会変動論の歴史をこのように捉えるならば、現代においてどのような社会変動論を展開することが可能なのか。

社会変動論を内外に拡張していく経験的研究は、こうした問いを直接的に考えずとも可能であり実際行われている。同時にそれら経験的研究は、この問いに対する少なくとも間接的な回答を含んでおり、それらが蓄積されていくことで社会変動論はおのずから刷新されていくとも考えられる。だがそれでも、この問いの考察を先延ばしする限り、過度に単純なグローバル化論を呼び込み続けるかもしれない。ならばここでこの問いについて考えても、それほど無駄ではないだろう。

前節で触れた想像力の変化と社会変動論のあり方の変化を前提にすれば、現代における社会変動論の可能性は次のように考えられる。

まず社会変動論の歴史が示すように、学問的な社会変動論は、しばしばそう思われてきたほど真正性を帯びたものではない。たとえ特権的な地位にある学問界において生産され、それによって科学的な装いを強力にまとうことがあっても、それはかなり恣意的なものでありえた。またそうした学問的な社会変動

論は、しばしばそう思われるほど強力なものでもない。長い時間で見れば、想像力の変化に伴ってみずからの恣意性に対する批判を呼び込んでいく。社会変動論の内と外への拡張は、学問的な社会変動論における真正性の浸食や恣意性への批判が、顕著になってきたことを示している。

　ならば社会変動論は、もはや日常的な想像力に主導権を完全に預けるべきか。ある意味ではそうだといえるが、ある意味ではそうではない。

　学問的な社会変動論の地位の低下とともに、日常的な社会変動論が従来以上の力を持つようになるだろうし、実際そうした現象が目につくようになっている。ただし日常的な社会変動論も、従来の学問的な社会変動論と同じ弊を有している。つまり、たとえ真正性を帯びることがあったとしても、それは無数の取りこぼしの上に成り立った恣意的なものでありうるし、みずからの排除や隠蔽をしばしば十分に認識していない。だがそれでもなお、日常的な想像力に基づく社会変動論には、旧来の学問的な社会変動論とは異なる条件が認められる。特権的な地位にあったかつての学問的な社会変動論が垂直的な関係性に基づいてきたとすれば、日常的な社会変動論は相対的に水平的な関係に基づいて展開されざるをえない、というのがそれである。水平的な関係性に基づかざるをえないとは、日常的な想像力に基づく社会変動論が、異なるタイプの社会変動論との相対的に対等な接触を、恒常的にせざるをえないということである。他の社会変動論との関係において、かつての学問的な社会変動論ほど特権的な立場に立つことのできない日常的な社会変動論が、もし一方的に特定の方向性を押しつけたり特定の側面にのみ重要性を与えたりすれば、それはかつての学問的な社会変動論のとき以上の速度と強度で、みずからに対する批判を喚起する。日常的な想像力への主導権の移行により、より水平的な関係のなかに置かれる社会変動論は、対立的な様相をより強めるようになる。

　それ自体が問題なのではない。これまでの社会変動論の歴史を見る限り、長い間にはこうした条件のなかから次のようなことが起こっていく可能性がある。日常的な社会変動論は、異なる社会変動論とのより恒常的でより対等な接触のなかで、垂直的な関係性が構築されがちな傾向性を抑止し、水平的な関係性を維持する条件を模索せざるをえなくなっていくというのが、それである。むろんそれは一朝一夕には進まないだろうし、そもそも未来は不確定である。

短期的には暴力的な交渉になる可能性も大きい。とはいえ長期的には、垂直的な関係性に基づく学問的な社会変動論が持つことのなかった可能性を持っている。

　もしこうした可能性を考えるなら、学問的な社会変動論にもあらためて一定の重要性が付与される。

　地位が低下したとはいえ、学問界から社会変動論の生産における優位性が完全に失われたわけではない。今なおそれは相対的ではあるが優位な立場にある。それゆえ現代においても学問的な社会変動論が、社会変動の一方的な記述や説明に固執するのも不可能ではない。もっと現実的な可能性をいえば、地位の低下に直面した学問的な社会変動論が、実践や実用性、実学やリアル・ポリティクスといったかけ声のもとに、相対的に影響力の強い特定の日常的な想像力に迎合し、やり方次第で広く人気を博する、といったことが大いにありうる。[3] 過度に単純なグローバル化論はその一例である。だが長い目で見ればそうした学問的な社会変動論は、それがはらむ恣意性とそれに基づく排除や隠蔽を強化し、結果的にそれに対する批判を増幅するだけである。

　そうした陥穽を回避しつつ、現代における学問的な社会変動論の可能性を考えるならば、次のような方向性を指摘できる。学問的な社会変動論と日常的な想像力が区別できない時代における社会変動論のダイナミクスについて、理論的・経験的な知見を蓄積するというのがそれである。いいかえれば、学問的な社会変動論と日常的な社会変動論をともに考察の対象として組み込むと同時に、それら社会変動論がどのような社会変動のなかで生み出され、かつ、それを駆動しているか、を問う社会変動論を展開するわけである。くわえてそうした知見の蓄積を通じて、やがて次のことも考える必要があるだろう。社会変動論どうしの接触において、垂直的な関係性が構築されがちな傾向性を抑止し、水平的な関係を維持する条件を模索することである。

　こうした社会変動論の可能性を念頭に置きながら、最後の節ではそのための具体的な道具立てについて試論的に考えておく。

## 6 社会変動論のダイナミクスにむけて

　学問的な社会変動論と日常的な想像力の区別が原理的に困難だとすれば、今後の社会変動論においては、学問的な社会変動論も考察の対象として組み込むとともに、社会変動についての日常的な想像力にも目を向ける必要がある。

　学問的なものであれ日常的なものであれ、社会変動に関するイメージないし表象は、人びとの行為にとって重要な、意識的・無意識的資源の一つである。この社会変動論の生産に関して相対的に有利な領域はいくつか存在する。学問界はその一つである。ただし現代においてそうした領域が、社会変動の表象を独断で生産するわけではない。他のさまざまな領域における社会変動の表象との関わりのなかで、学問界をはじめとするいくつかの領域では、無数にありうる現実の社会変動の諸側面のあるものに注目した、あるいは別のあるものをそぎ落とした、社会変動論が生産される。そのようにして加工され定式化された社会変動の表象は、現実の社会変動についての「経済的な換喩」（ラトゥール 2007：48）として流通していく。社会変動の流通において重要なのは、メディアや移動、教育などである。メディアや移動、教育などの実践や装置を通じて「ありふれた人びとが日常生活の実践のなかで想像力を展開し始め」（アパデュライ 2004：23）、それが翻って学問界等で定式化される社会変動の表象に影響する。社会変動論を組み込んだこうした社会変動論の展開が、現代において社会変動を語るための一つのやり方となる。

　だが、表象としての社会変動を論じるだけでは不十分である。社会変動論が、社会変動の表象の分析に終始するなら、ある時期にある人びとのあいだで流通した社会変動論が、ときに紋切り型だったり、ときに奇妙だったりし、それらによって排除や隠蔽が生じてきた、といった以上の議論にはなりにくい。それ自体は重要な議論だが、それだけでは社会変動論のダイナミクスを十分に捉えているとは言いがたい。社会変動の表象が埋め込まれているネットワークの分析にも取り組む必要がある。

　社会変動の表象とネットワークの捉え方には、理屈上、次の2つのタイプが想定できる。表象とそれが流通しているネットワークのあいだに一対一の対応

関係を想定するか、2つ以上の異なる社会変動の表象とそれらが流通しているネットワークという対応関係を想定するか、である。今後の社会変動論において重要になると思われるのは、後者である。社会変動の表象に関して特権的な生産地が失われ、さまざまな社会変動の表象が力を持ってきたのが現代の特徴だからである。また、そもそもどの時代も社会変動の表象が単一であるとは考えにくいからである。複数の異なる社会変動の表象が移動し、接触し、相互作用する空間としてのネットワークという捉え方である。[5]

　複数の社会変動の表象が存在しているネットワークに目を向け、そこにおける社会変動の表象の生産・流通・消費・接触・対立・混淆や、それに付随する実践（振る舞い）・言説（語り）・装置（モノ）等を分析する。その場合、異なる社会変動論の接触は、一方の表象による他方の表象に対する同化や抑圧を意味するというより、しばしばそれ以前においてそれぞれが備えていなかった新たな性質の創発を意味する。こうした創発がネットワークの変化を誘発する。ここにおいて社会変動の表象とネットワークは、どちらか一方が他方を一方的に規定するという関係にはない。社会変動の表象がネットワークを支えたり変えたりすることもあれば、ネットワークが社会変動の表象を支えたり変えたりすることもある。

　以上の視点は目新しいものではない。社会変動論の内外への拡張に見られる特徴を、組み合わせたものである。とりわけ、内へと向かう社会変動論の拡張からは社会変動論の客観性への疑義を、外へと向かう社会変動論の拡張からはネットワークの視点を、それぞれ受け継いでいる。

　これ以外にも、これまでの社会変動論の歴史が教える知見はいくつかある。ここでは特に重要だと思われる、社会変動論の派生的効果に触れておく。内と外への社会変動論の拡張は、従来の社会変動論による排除や隠蔽に注目するところに展開を遂げてきた。そこに示されているのは、社会変動論というものが、社会変動を駆動していく過程で副次的な作用を及ぼしていくということである。それはもともとの社会変動論では念頭に置いていなかった付随的な効果であることもあるし、もともとの社会変動論が流通していくなかであたかも伝言ゲームのように変質していくことで生じる効果であったりもする。いずれにせよ従来の社会変動論は、みずからの現実化に際して生起する偶然性を取りこ

ぼした形で、内的なロジックにのみ執心する傾向にあった。この取りこぼしに注目することで、社会変動の表象が及ぼす波及的効果についての考察を社会変動論のなかに含みこむという視点が得られる。社会変動論の内在的なロジックとその波及的効果のあいだに横たわる偶然的なズレを、社会変動論に組み込むのである。

　学問的ないし日常的であれ、社会変動論はありうる多くの記述や説明のなかの一つの表象であり、その生産や流通には恣意性や偶然性がつきまとう。社会変動の表象という観点によって社会変動論自体から距離を取り、それら諸表象を相互作用のネットワークのなかに置き直すことで、社会変動論につきまとうさまざまな意図せざる結果を把握する。学問的な社会変動論と日常的な想像力が区別しがたい時代において、社会変動論のダイナミクスに関する理論的・経験的な知見を蓄積するとは、社会変動に関してこれまで繰り返し指摘されてきた意図せざる結果という性質に、あらためてアプローチすることだといえるかもしれない。

　最後に付け加えておくべきだろう。本稿が示そうとしたのは、現代において社会の変化を論じるということをめぐる、一つの可能性にすぎない。社会変動論の歴史を手がかりに展開してきたその議論は、無数の取りこぼしの上に成り立っている。またそれを論拠に提示した学問的な社会変動論も、あくまで無数の可能な記述の仕方の一つにすぎず、それが及ぼす偶然的な副次的効果も十分認識していない。そもそも社会変動論は「経済的な換喩」である限りにおいてそうしたことから完全には逃れられない。社会変動論は、その時々に可能な「経済的な換喩」とそれをめぐる批判という、いわば無限後退のなかで少しずつ進むしかないのかもしれない。

　そのことは、学問的な社会変動論それ自体が無意味であることを意味しない。たとえ学問的な社会変動論が一見衰退しているように見えるとしても、今後も「社会の変化の夢」としての社会変動論が消えてなくなることはない。ならば、かつてとは異なるとはいえ、社会変動論の展開に関して今なお相対的に優位な立場にある学問的な社会変動論に、できることやなすべきことは数多くある。

　社会変動論の衰退にも映る現代は、社会変動論にとって新しい時代の到来を

意味している。

**【注】**
1) 次のハントの言葉も参照。「グローバリゼーション・パラダイムは文化理論が批判してきた前提そのものを再び主張しているのであり、したがって潜在的に過去数十年の文化史の成果を洗い流してしまう危険性をもっているのである」（ハント 2016：63-64）。
2) ハントによる次の指摘も参照。「文化理論は歴史の有用性についてのコンセンサスを瓦解させたが、それ以前の社会理論に対する魅力的なオルタナティヴを提示できなかったのである。グローバリゼーションは魅力的なオルタナティブのように見える」（ハント 2016：10）。
3) G. ベイトソンによる次の言葉は、いまでも、あるいは、現代でこそいっそう当てはまるように思われる。「世界の要請（ニーズ）がそうさせるのだというその手の議論には、わたしはまったく与することができない。……自分たちのやっていることは必要で役に立つのだという応用科学者たちの主張を、私は信用しない。しかし、彼らのせっかちな意欲、飛び出したくてうずうずしているその様子は、ただの短気やあこぎな野心のあらわれではなかろう。それは、深い認識論的恐慌（パニック）を覆い隠すためのものであるようにわたしには思える」（ベイトソン 2000：34）。
4) G. ベイトソンによる次の記述も示唆に富む。「経済性という理由で、記述者（ないしDNA）はどうしてもディテールを束にして扱わざるをえない。カーブした輪郭は、近似的に何らかの数学的形態へとくくられる。ある形の無限の差異もひとつの方程式に押し込まれる。そうして、あるひと束のディテールをうまく記述しおおせると、われわれは必然的にもう一歩一般化を推し進め、それらの束どうしの関係を要約することになる。……しかしそのさい、ディテールから複数のディテールの束への飛躍や、さらにその束から複数の束の束への次なる飛躍は取り上げられないまま残る。……したがって生きた全体システムを図解できたとすると、それを横断する指ないし眼は、定式化および構造と切れ目（ギャップ）を交互に切ってゆくことになるはずだ」（ベイトソン 2000：284-285）。
5) この点に関して、本書の第11章でも触れた D. マッシーの議論は示唆に富む。「社会理論と政治的思考の正真正銘徹底的な空間化が、想像力の中に、自身のこれまでの軌跡と語るべき物語をもつ他者の同時的な共存のより全的な承認が入り込むことを余儀なくさせるだろう」（マッシー 2014：27）。「実際われわれは開かれたものとして未来を思い描くことができた場合にのみ、真剣に政治の真なる観念を受け入れ、それに取り組むことができるのである」（マッシー 2014：28）。

**【参考文献】**
アパデュライ、アルジュン（2004）『さまよえる近代——グローバル化の文化研究』門田健一訳、平凡社。
金子勇・長谷川公一編著（2008）『社会変動と社会学』ミネルヴァ書房。
バーク、ピーター（2008）『文化史とは何か〔増補改訂版〕』長谷川貴彦訳、法政大学出版

局。
ハント、リン（2016）『グローバル時代の歴史学』長谷川貴彦訳、岩波書店。
ベイトソン、グレゴリー（2000）『精神の生態学〔改訂第2版〕』佐藤良明訳、新思索社。
マッシー、ドリーン（2014）『空間のために』森正人・伊澤高志訳、月曜社。
ラトゥール、ブルーノ（2007）『科学論の実在——パンドラの希望』川崎勝・平川秀幸訳、産業図書。
Chase-Dunn, Christopher and Salvatore J. Babones（2006）*Global Social Change: Historical and Comparative Perspectives*, Johns Hopkins University Press.

## あとがき

　本書の母体は、編者が、所属大学の同僚、現・元非常勤講師、知り合いの研究者と結成した社会変動論研究会である。この名称は、これからは社会変動論の時代ではないかと考えて付けたものである。結成以来、一年に２回研究会を続けた。

　３年ほど前から、社会変動に関する本を出そうということになり、それ以後は研究会の回数を増やし、執筆希望者には何度も研究発表をしてもらった。一人当たりの発表時間は１時間前後、質疑応答は１時間以上に及んだ。原稿が出来た後も、互いに批評しあった。本書は会員の切磋琢磨によって生まれたものである。

　学術図書の出版を巡る状況は現在、非常に厳しくなっている。そのような中で、本書の刊行に踏み切っていただいた法律文化社と、色々とアドバイスをいただいた同出版社の小西英央さんに深くお礼申し上げたい。

　なお、本書の出版にあたり、大阪産業大学学会から出版助成金を受けた。記して感謝する。

　　　2018年１月10日

　　　　　　　　　　　　　　　　　　　　　　　　　　　　　　北野　雄士

## 執筆者紹介（執筆順）

（担当章、現職、出身校、専門、主著、＊は編者）

北野　雄士（きたの　ゆうじ）＊　　　　　　はしがき　プロローグ　第6章　あとがき
　現　職　大阪産業大学国際学部国際学科・教授
　出身校　大阪大学大学院人間科学研究科博士後期課程単位取得退学
　専　門　歴史社会学
　主　著　「横井小楠における「三代」理念の展開」『大阪産業大学人間環境論集』12号、1-23頁、
　　　　　2013年。
　　　　　「横井小楠と『近思録』──「三代」理念の受容を巡って」『大阪産業大学論集　人文・社
　　　　　会科学篇』19号、83-104頁、2013年。
　　　　　「横井小楠と『書経』──なぜ「二典三謨」の篇を重んじたのか」『大阪産業大学論集　人
　　　　　文・社会科学篇』23号、25-43頁、2015年。


山本　哲司（やまもと　てつじ）　　　　　　　　　　　　　　　　　　　　　　　　第1章
　現　職　（社）日本ライフストーリー研究所・調査研究員
　出身校　龍谷大学大学院社会学研究科博士後期課程単位取得退学
　専　門　差別論、ライフヒストリー、生活文化史
　主　著　「ライフヒストリーインタビューにおける被差別経験の語りの様式と排除の構造」『龍谷大
　　　　　学社会学部紀要』32号、38-50頁、2008年。
　　　　　「被差別部落における〈被差別の表象〉とまちづくりの課題──生活史の聞き取りから」
　　　　　『龍谷紀要』30巻2号、37-54頁、2009年。
　　　　　「寺院護持問題をめぐる門徒の宗教行動と浄土真宗理解に関する一考察──浄土真宗本願
　　　　　寺派第9回宗勢基本調査の分析から」『龍谷大学社会学部紀要』41号、42-63頁、2012
　　　　　年。


岡尾　将秀（おかお　まさひで）　　　　　　　　　　　　　　　　　　　　　　　　第2章
　現　職　大阪市立大学都市文化研究センター・研究員
　出身校　大阪大学大学院人間科学研究科後期博士課程単位取得退学　博士（人間科学）
　専　門　宗教社会学
　主　著　「天理教における講の結成──生活のなかでの儀礼と奉仕」、宗教社会学の会編『宗教を理
　　　　　解すること』創元社、2007年。
　　　　　「都市周辺山地における民俗宗教の変容と継続」『大阪産業大学論集　人文・社会科学編』
　　　　　23号、45-65頁、2015年。
　　　　　「テーラワーダ仏教の日本人による受容」、三木英編『異教のニューカマーたち──日本に
　　　　　おける移民と宗教』森話社、2017年。

執筆者紹介

川田　美紀（かわた　みき）　　　　　　　　　　　　　　　　　　　　　　第3章
　現　　職　大阪産業大学デザイン工学部環境理工学科・准教授
　出身校　早稲田大学大学院人間科学研究科博士後期課程修了　博士（人間科学）
　専　　門　環境社会学
　主　　著　「共同利用空間における自然保護のあり方──霞ヶ浦北浦湖岸の一集落を事例として」『環境社会学研究』12号、136-149頁、2006年。
　　　　　　「都市における財産区の役割──阪神淡路大震災の被災地を事例として」『村落社会研究』47集、83-116頁、2011年。
　　　　　　「水環境の社会学──資源管理から場所とのかかわりへ（研究動向）」『環境社会学研究』19号、174-183頁、2013年。

菊地　真理（きくち　まり）　　　　　　　　　　　　　　　　　　　　　　第4章
　現　　職　大阪産業大学経済学部国際経済学科・准教授
　出身校　奈良女子大学大学院人間文化研究科博士後期課程修了　博士（学術）
　専　　門　家族社会学、家族関係学、ステップファミリー研究
　主　　著　「離婚後の別居親子の接触の賛否を規定する要因──JGSS-2006を用いた分析」『日本版 General Social Surveys 報告論文集──JGSS で見た日本人の意識と行動』7号、93-105頁、2008年。
　　　　　　「若年成人継子が語る継親子関係の多様性──ステップファミリーにおける継親の役割と継子の適応」『明治学院大学社会学部付属研究所年報』44号、69-87頁、2014年（野沢慎司氏との共著）。
　　　　　　「ステップファミリーにおける継親子間の養子縁組と別居親子間関係──インタビュー事例に見る離婚・再婚後の家族形成と法制度」松岡悦子編『子どもを産む・家族をつくる人類学──オールターナティブへの誘い』勉誠出版、2017年。

安元　佐織（やすもと　さおり）　　　　　　　　　　　　　　　　　　　　第5章
　現　　職　大阪大学大学院人間科学研究科・講師
　出身校　Georgia State University, Department of Sociology 修了　Ph.D
　専　　門　家族社会学、老年学、質的研究法
　主　　著　"The Culture of Fatherhood in Japanese Comic Strips: A Historical Analysis." *Journal of Comparative Family Studies* 41(4). pp. 611-627, 2010. (with Ralph LaRossa).
　　　　　　「百寿者研究における家族関係に関する調査の意義」『老年社会科学』39巻1号、60-65頁、2017年。
　　　　　　「百寿者にとっての幸福感の構成要素」『老年社会科学』39巻3号、365-373頁、2017年（権藤恭之氏・中川威氏・増井幸恵氏との共著）。

太田　美帆（おおた　みほ）　　　　　　　　　　　　　　　　　　　　　　第7章
- 現　職　静岡大学学術院農学領域・助教
- 出身校　大阪大学大学院人間科学研究科博士後期課程単位取得退学
- 専　門　福祉国家論、市民社会論、エリア・スタディーズ
- 主　著　「スウェーデンのイェムトランド県における地域創生の基盤づくり──『実現するもの』と『可能にするもの』の協働」、『神戸学院大学人文学部紀要』30号、215-228頁、2010年。

　　　　「福祉──個人と社会で作る豊かな生活」内海博文編『現代社会を学ぶ──社会の再想像＝再創造のために』ミネルヴァ書房、2014年。

　　　　「社会的経済政策から見る就労支援──スウェーデンにおける長期失業者の社会的包摂」福原宏幸・中村健吾・柳原剛司編『ユーロ危機と欧州福祉レジームの変容──アクティベーションと社会的包摂』明石書店、2015年。

西川　知亨（にしかわ　ともゆき）　　　　　　　　　　　　　　　　　　　第8章
- 現　職　関西大学人間健康学部人間健康学科・准教授
- 出身校　京都大学大学院文学研究科博士後期課程修了　博士（文学）
- 専　門　社会病理学、社会的相互作用論、社会学史
- 主　著　"Pauvreté relationnelle et résilience sociale dans le Japon contemporain," *Informations sociales*, 168, Caisse nationale des Allocations familiales, 96-102, 2011.

　　　　「現代日本における反貧困活動の展開──時空間の人間生態学」『フォーラム現代社会学』11号、関西社会学会、41-53頁、2012年。

　　　　『〈オトコの育児〉の社会学──家族をめぐる喜びととまどい』（共編）ミネルヴァ書房、2016年。

景山　佳代子（かげやま　かよこ）　　　　　　　　　　　　　　　　　　　第9章
- 現　職　神戸女学院大学文学部総合文化学科・准教授
- 出身校　大阪大学大学院人間科学研究科博士後期課程修了　博士（人間科学）
- 専　門　社会学、メディア論
- 主　著　『性・メディア・風俗』ハーベスト社、2010年。

　　　　「風俗──日常知と理論の往還運動」、「教育──抑圧の道具、解放の武器」、「表現する──解放への格闘と創造の悦び」内海博文編『現代社会を学ぶ──社会の再想像＝再創造のために』ミネルヴァ書房、2014年。

　　　　『日常を拓く知　古典を読む1　やさしさ』神戸女学院大学文学部総合文化学科（監修）景山佳代子（編著）世界思想社、2017年。

執筆者紹介

曽我　千亜紀（そが　ちあき）　　　　　　　　　　　　　　　　　　　　　　第10章
　　現　職　大阪産業大学国際学部国際学科・准教授
　　出身校　名古屋大学大学院人間情報学研究科博士後期課程単位取得退学　博士（情報科学）
　　専　門　情報社会論、フランス哲学思想
　　主　著　「情報検索から情報創造へ──知の転換に向けて」『社会情報学研究』16巻1号、53-66
　　　　　　頁、2012年。
　　　　　　「情報の消費と浪費──『情報体』概念に基づくコミュニケーションの形」『名古屋大学哲
　　　　　　学論集』12号、29-41頁、2015年。
　　　　　　『情報体の哲学』ナカニシヤ出版、2017年。

内海　博文（うつみ　ひろふみ）　　　　　　　　　　　　　　　　　　　　　第11章　エピローグ
　　現　職　追手門学院大学社会学部社会学科・准教授
　　出身校　大阪大学大学院人間科学研究科博士後期課程修了　博士（人間科学）
　　専　門　理論社会学
　　主　著　『現代社会を学ぶ──社会の再想像＝再創造のために』（編著）ミネルヴァ書房、2014年。
　　　　　　『国際看護学』（共編）クオリティケア、2014年。
　　　　　　『文明化と暴力──エリアス社会理論の研究』東信堂、2014年。

## 変化を生きながら変化を創る
── 新しい社会変動論への試み

2018年3月20日 初版第1刷発行

編 者　北野　雄士
発行者　田靡　純子
発行所　株式会社 法律文化社

〒603-8053
京都市北区上賀茂岩ヶ垣内町71
電話 075(791)7131　FAX 075(721)8400
http://www.hou-bun.com/

＊乱丁など不良本がありましたら、ご連絡ください。
送料小社負担にてお取り替えいたします。

印刷：中村印刷㈱／製本：㈱藤沢製本
装幀：前田俊平
ISBN 978-4-589-03905-7
Ⓒ 2018 Yuji Kitano Printed in Japan

**JCOPY**　〈(社)出版者著作権管理機構 委託出版物〉

本書の無断複写は著作権法上での例外を除き禁じられています。複写される
場合は、そのつど事前に、(社)出版者著作権管理機構(電話 03-3513-6969、
FAX 03-3513-6979、e-mail: info@jcopy.or.jp)の許諾を得てください。

松本伊智朗編
## 「子どもの貧困」を問いなおす
―家族・ジェンダーの視点から―
A5判・274頁・3300円

貧困の本質は「構造的な不平等」である。子どもの貧困を生みだす構造のなかに家族という仕組みを位置づけ、同時に歴史的に女性が負ってきた社会的不利を考察、論究する。「政策」「生活の特徴と貧困の把握」「ジェンダー化された貧困のかたち」の3部12論考による貧困の再発見。

五石敬路・岩間伸之・西岡正次・有田 朗編
## 生活困窮者支援で社会を変える
A5判・236頁・2400円

福祉、雇用、教育、住宅等に関連した既存の制度や政策の不全に対して、生活困窮者支援をつうじて、地域社会を変える必要性と、それを可能にするアイデアを提起する。「孤立と分断」に対するひとつの打開策を明示した書。

牧園清子著
## 生活保護の社会学
―自立・世帯・扶養―
A5判・250頁・4600円

制度に大きな転換をもたらした自立支援の導入から現在に至るまでの生活保護制度の展開を実証的に考察する。制度運用上の基幹となる自立支援、世帯認定および扶養義務を中心に検討を試み、生活保護制度の変容と課題を明示する。

近森高明・工藤保則編
## 無印都市の社会学
―どこにでもある日常空間をフィールドワークする―
A5判・288頁・2600円

どこにでもありそうな無印都市からフィールドワークを用いて、豊かな様相を描く。日常の「あるある」を記述しながら、その条件を分析することで、都市空間とその経験様式に対する社会学的反省の手がかりをえる。

西村大志・松浦雄介編
## 映画は社会学する
A5判・272頁・2200円

映画を用いて読者の想像力を刺激し、活性化するなかで、社会学における古典ともいうべき20の基礎理論を修得するための入門書。映画という創造力に富んだ思考実験から、人間や社会のリアルを社会学的につかみとる。

―――法律文化社―――

表示価格は本体(税別)価格です